人口減少と地域の再編

地方創生・連携中枢都市圏・コンパクトシティ

中山 徹 著

自治体研究社

はじめに

　日本の国土は広いとは言えません。しかし、これほど多彩な国土は稀です。北海道と本州、九州、沖縄では気候が全く異なります。日本海側と瀬戸内海、太平洋側でも全く異なります。車で1時間も走れば地形が大きく変化します。平野、盆地、山間部、さまざまな地形があり、食べ物、暮らしも一山越えると変わります。アジア大陸やアメリカ大陸には広大さがあります。車で何時間走っても変わらない光景には驚かされます。日本にはそのような広大さはありませんが、狭い国土の中に、驚くほど多彩な地域が凝縮されています。

　200年、300年前から続いている集落は日本のあちらこちらに有り、500年以上続いている集落も稀ではありません。伝統芸能、伝統工芸なども脈々と息づいています。これらが重なり合って日本文化を築いていますが、多くの日本人にとって、このような光景は当たり前です。しかし、国際的に見るとこのような光景は稀少です。もちろんヨーロッパにも長い歴史が引き継がれています。伝統的なまちなみは美しく、郊外にはため息が出るほど美しい畑、牧地が広がっています。日本の住宅は木造です。木造中心の100万都市は、ヨーロッパにはありません。水田が広がる農村もアジア独自の景観です。

　どこから眺めても、どのような視点で見ても日本の地域は貴重です。そのような地域が存亡の危機に立たされています。100年後には日本の人口は3分の1になりそうです。2050年にはいま人々が暮らしている地域の約2割が無人になりそうです。疫病や自然災害が原因ではありません。少子化に歯止めがかからないからです。別に日本人の多くが少子化を望んでいるわけではありません。また、地方に住む若者たちが、職を求めて東京に集まっています。しかし、東京が好きだから

集まっているのではなく、地方では働く場所が見つからないからです。

　このような状況を改善し、多くの地域が存続できるように政府は地方創生を始めました。本書で述べますが、地方創生は単なる地方活性化ではありません。新たな地方の再編成計画で、再編成を通じて地方の生き残りを進めようとしています。自治体はさまざまな施策を展開していますが、それらが地方創生に集約されつつあります。この地方創生をどう評価すべきか、地方はどのように再編成されようとしているのか、地方創生で地方は危機的状況から脱出できるのか、地方創生にどう対応すればいいのか。今後の地域を考えるにあたってこれらの疑問に答えることが極めて重要な問題になっています。

　本書の１章、２章では、地方創生の背景、政府が進める地方創生を概観しました。３章、４章では、47都道府県が策定した人口ビジョン、総合戦略の特徴をみました。５章では、人口減少社会において政府が地域をどのように再編しようとしているのか、６章では再編の一つの柱である連携中枢都市圏の現状を、７章ではもう一つの柱である立地適正化計画の現状をみました。８章ではそれらを踏まえて地方創生とは一体何なのか、９章ではそのような地方創生にどう対応すべきかを考えました。

人口減少と地域の再編 ［目次］

はじめに　*3*

1章　地方創生、二つの背景 ………………………………………… *9*
　1　人口減少が際限なく続く　*9*
　2　東京一極集中に歯止めがかからない　*14*

2章　地方創生に関する政府の基本政策 ………………………… *19*
　1　長期ビジョンで示された見通し　*19*
　2　総合戦略の概要　*23*

3章　47都道府県人口ビジョンの内容と特徴 ………………… *27*
　1　人口ビジョン及び総合戦略の位置づけ　*27*
　2　47都道府県が策定した2060年の人口見通し　*29*
　3　都道府県人口ビジョンが実施されると東京一極集中が進む　*35*
　4　全県が人口ビジョンを達成するのは不可能　*40*
　5　都道府県人口ビジョンの特徴　*41*

4章　47都道府県総合戦略の内容と特徴 ………………………… *45*
　1　都道府県総合戦略の構成　*45*
　2　都道府県が定めた政策分野　*47*

3　総合戦略で示された都道府県の考え　*49*
　　4　都道府県総合戦略の特徴　*54*

5章　人口減少にともなう国土の再編成 …………………… *57*
　　1　20世紀の国土計画　*57*
　　2　小泉構造改革による国土計画の終焉　*59*
　　3　アベノミクスによる新たな国土計画　*63*

6章　連携中枢都市圏の状況と特徴 ………………………… *69*
　　1　地方中心都市の人口減少　*69*
　　2　連携中枢都市圏の目的と進捗状況　*71*
　　3　政府が示した連携中枢都市圏の取り組みと内容　*76*
　　4　連携中枢都市ビジョンの内容　*79*
　　5　連携中枢都市圏の特徴　*83*

7章　立地適正化計画の状況と特徴 ………………………… *87*
　　1　立地適正化計画の概要　*87*
　　2　立地適正化計画の状況　*91*
　　3　箕面市立地適正化計画　*94*
　　4　立地適正化計画の特徴　*97*

8章　地方創生をどう評価すべきか ………………………… *101*
　　1　地方創生の本質　*101*

2　アベノミクスと自治体が進める地方創生は両立しない　*104*
　3　国土のどの程度が存続困難になりそうか　*108*

9章　まちづくりの基本的な視点　……………………………… *113*
　1　地方創生に取り組む視点　*113*
　2　地域での雇用確保を優先させるべき　*115*
　3　新たな国土計画の必要性　*119*
　4　農村が地方都市を支える連携　*123*
　5　コンパクト化を進める視点　*125*

あとがき　*129*

1章　地方創生、二つの背景

　地方創生の背景は大きく二つあります。一つは、人口減少が際限なく続くということ、もう一つは東京一極集中に歯止めがかからないということです。その結果、地方の多くが消滅の危機に直面しています。これが地方創生を進める直接の背景で、1章ではそれを概観します。

1　人口減少が際限なく続く

日本は人口減少率世界1位

　20世紀に入り日本の人口は急増しました。1900年の人口は4384万人。1967年には1億人を超え、2000年には1億2692万人になりました。しかし20世紀後半になると人口増加率は次第に下がります。そして2005年には1年間で1万9000人の人口が減り、初めて人口減少を記録しました。その後は一進一退を繰り返していましたが、2011年以降、本格的な人口減少に突入しています。人口のピークは2008年で1億2805万人。おそらく歴史上この値が人口の最大になるでしょう。

　2011年以降、年間で20万人以上の人口が減少しています。2015年は1年間で21万5000人の減少になっています。県庁所在地で人口が一番少ないのは甲府市で19万3000人ですが、それを上回る人口が1年間で減ったことになります。

　国立社会保障・人口問題研究所は日本の将来人口を推計しています。この推計によりますと、人口減少は今後も続きます。2048年には9913万で1億人を割り込み、22世紀には4286万人まで減少します（2110年、出生、死亡とも中位推計）。100年後には100年前の人口に戻りま

す。これは最悪のケースではなく、今のまま推移すると最も可能性の高い予測値です。

20世紀、日本は先進国で極めて高い人口増加率でした。それが21世紀はこのまま推移しますと先進国で人口減少率が1位になりそうです。

日本の人口は世界10位から50位以下へ

出生率が高い国、移民を多く受け入れている国は人口が増えます。現在人口が最大の国は中国で13億5982万人です（以下、現在の人口はすべて2010年の値）。中国は長年一人っ子政策をとってきたため、今後はあまり人口が増えず、2050年で13億8497万人程度です（以下、予測値はすべて2050年）。現在インドは12億562万人で世界第2位ですが、今後も人口は増え続け、16億2005万人程度になると予測されています。今後、人口が急速に増えると予測されているのは東南アジア、南アジアです。たとえば、インドネシアは2億4067万人から3億2137万人へ、パキスタンは1億7314万人から2億7108万人へ、バングラディシュは1億5112万人から2億194万人です。

先進国をみても21世紀に人口が減少すると予測されている国は少数です。アメリカは現在3億1224万人ですが、4億85万人まで増えるとされています。また、2010年と2050年の人口を比較し、増加すると予測されている国は、フランス、イギリス、イタリア、スペイン、カナダ等です。先進国で減少すると予測されているのは日本とドイツだけです。

人口が多ければいいというわけではありませんが、日本の人口をみますと、1950年で世界第5位、現在は10位です。2050年では16位、22世紀になるころ日本の人口は4000万人台になるため、世界で50位以下になります。

少子化対策に成功した国

人口の増減を考える場合、合計特殊出生率という値をみます。これは1人の女性が一生の間に産む子どもの数におおよそ等しい値です。この出生率が2.07を越えていますと、先進国の医学の水準だと、人口が長期的に安定するといわれています。1人の女性が2人ちょっとの子どもを産む計算です。

日本の出生率は1974年まで2.0を超えていました。ところが1975年に1.91になり、その後、下がり続けました（図1-1）。そして1993年には1.46となり、このころから少子化対策が政策として取り上げられるようになりました。

しかし、少子化対策の効果はほとんど現れず、2005年には1.26まで下がりました。その後、若干改善し2013年は1.43になりましたが、2014年は再び1.42に低下しました。

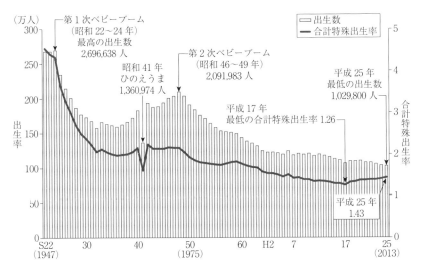

図1-1　出生数及び合計特殊出生率の推移

出所：内閣官房まち・ひと・しごと創生本部事務局「まち・ひと・しごと創生長期ビジョン〈参考資料集〉」2014年12月

一方、少子化対策に成功した国もあります。その代表格はフランスとスウェーデンです。フランスは1995年に出生率が1.70まで下がりましたが、2012年には2.00まで回復させています。スウェーデンも1999年に1.50まで下げましたが、2012年には1.91まで回復させました。先進国になればなるほど出生率は下がるのではなく、ヨーロッパではイギリス、オランダなどもいったん下がった出生率を0.2〜0.3程度回復させています。

出生率が上昇しても人口減少は避けられない

　さて、ここでよく疑問がだされます。日本もがんばって出生率を2.07まで引き上げることができれば、人口は減らないのではないか。また、2.07以上に出生率を引き上げることができれば、日本でも再び人口が増えるのではないかという疑問です。

　結論からいいますと、たとえ出生率が2.07になったとしても、日本の人口は減り続けます。出生率が2.07まで回復しても、日本の人口が安定するまでには、さらに30年〜40年かかります。この理由を簡単に説明しておきます。

　現在、子どもを最もたくさん産んでいる世代は30代前半、次いで20代後半、30代後半です。2014年に40歳の人は198万人、30歳の人は145万人、20歳の人は124万人、10歳の人は110万人、0歳の人（2014年に生まれた人）は102万人です。日本は少子化対策が成功しなかったため、子どもの数が年々減っています。30年後の2044年に40歳になる人は2014年で10歳の人ですから最大で110万人です。30歳の人は102万人です。今から少子化対策をいくら充実させても、30年後に30歳になる人を増やすことは、移民政策を取らない限り不可能です。30年後に30歳になる人は2014年にすでに生まれていないとダメだからです。

一方、2014年に亡くなった人は127万人です。今後、高齢化が進むため亡くなる人は増え続け、30年後には年間で165万人が亡くなると予測されています。人口が増えるか減るかは日本のように移民が少ない国では、亡くなる人と生まれてくる人の差でほぼ決まります。2014年の場合、亡くなった人が127万人、生まれてきた人が102万人、この差25万人が人口自然減となります。ちなみに2014年、海外との転出入は3万6000人の社会増で、トータルで21万5000人の人口減となっています。

今後、高齢化が進むため亡くなる人は増え続けます。2044年には亡くなる人が165万人、生まれてくる人が62万人、その差102万人の人口減少が起こると予測されています。これは日本の全人口の1％にあたります。2014年の人口で102万人より少ない県は9県あります。香川県（98万人）、和歌山県（97万人）、山梨県（84万人）、佐賀、福井県、徳島県、高知県、島根県、鳥取県（57万人）です。亡くなる人の数は大きく変わらないため、人口を減らさないためには生まれてくる人を増やさなければなりません。ところが、先にみたように今後は子どもを産む女性が3〜4割減ります。出生率を今より4〜5割上げると2.07になりますが、女性の数が減るため、生まれてくる子どもの数は今と同数か若干減ります。そのため、出生率が2.07になっても2045年では数十万人程度の人口減になります。

細かな説明は省きますが、出生率の上昇だけで30年後に人口減少をゼロにするためには、出生率を今の2.5倍ぐらいにしなければなりません。イメージ的には、いま3人の子どもがいる家族だと、子どもを7人産む、2人の子どもがいる世帯だと子どもを5人にするという感じです。不可能ではありませんが、このようなことを実現するためには、子どもを3人産んだ世帯には1億円、4人産んだら3億円、5人産んだら5億円などというぐらいの少子化対策が必要だと思います。

日本では少子化対策が進まず、子どもの数が減り続けています。子どもの数が減るということは将来の母親の数が減るということです。そのため、出生率を2.07にしても直ちに人口は安定しません。出生率が回復し、その子どもたちが母親の年齢になってはじめて人口が安定します。がんばって少子化対策を進めても日本の人口が安定するのは今世紀の終わりころです。普通に考えますと、今世紀中に日本で人口が増えるのはかなり難しいでしょう。

人口減少率を穏やかにすべき
　人口減少の影響はさまざまなところで指摘されています。経済、財政、コミュニティ等、さまざまな面でいろいろな影響が出るでしょう。
　人口の減少＝マイナスではありません。しかし、先進国で1位というスピードで人口が減少し、100年後には人口が3分の1程度になるというのはあまりにも減りすぎです。残念ながら直ちに本格的な少子化対策に取り組んでも、人口減少は避けられません。だからといってあきらめるのではなく、少子化対策に成功した諸外国の事例に学び少しでも早く少子化対策に取り組むべきです。そして人口減少率を穏やかにすべきです。この視点が地方創生の一つめの背景で、この点は正しい認識だと思います。

2　東京一極集中に歯止めがかからない

全国的には人口減少、首都圏は人口増加
　2015年の国勢調査結果が発表されました。全国的にみますと2010年の人口は1億2805万人、2015年は1億2711万人、5年間で94万7000人の人口減少となりました。5年間で人口が増えた都道府県は八つです。1番増えたのは東京都で35万4000人、2番目は神奈川県で

7万9000人、3番目は愛知県で7万3000人でした。それ以外に増えたのは、埼玉県（6万7000人）、沖縄県（4万1000人）、福岡県（3万1000人）、千葉県（8000人）、滋賀県（2000人）です。沖縄県を除くとすべて大都市圏で、特に首都圏への集中が目立っています。

全国的に人口が減っている中で、東京を中心とした首都圏への人口集中が続いています。その結果、東京都の人口は1315万人から1351万人に増え、全国に占める比率も2010年の9.8%から10.6%に上がりました。ちなみに、人口が33番目の県から一番少ない県まで15県の合計が1378万人であり、東京都とほぼ同じです。

6割以上の地域が2050年までに人口が半分以下になる

2014年に策定された「国土のグランドデザイン2050」では、人口減少、東京一極集中の対策ができなければ、消滅する地域が増えると予想しています（**図1-2**）。それによりますと現在人々が住んでいる地域の内、2050年までに無人化する地域が19%、人口が半分以下になる地域が44%となっています。反対に人口が増える地域は2%です。

人口規模別で人口減少率にどの程度の違いがあるかをみたのが**図1-3**です。それによりますと政令指定都市は15%の減少、人口30万以上の都市は21%の減少、それに対して人口1万人から5万人の市町

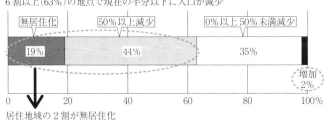

図1-2　地点別、人口増減予測
出所：国土交通省「国土のグランドデザイン2050　参考資料」2014年7月

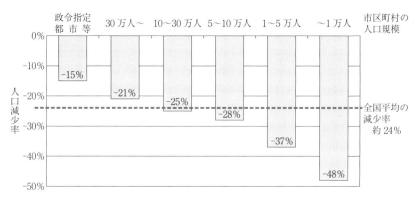

図1-3 市町村・人口規模別の人口減少率

出所：同前

村は37%の減少、人口1万人以下の町村は48%の減少となっています。つまり人口規模の小さい市町村ほど、人口減少率が高くなるということです。

次に都道府県別の将来人口予測をみます。2040年までに全国で人口が16%減少すると予測されています。全都道府県で人口が減少するとされていますが、減少率は大きく異なります。減少率が最も少ないのは沖縄県で1.7%、10%以下の県は東京都（6.5%）、滋賀県（7.2%）、愛知県（7.5%）、神奈川県（7.8%）です。人口減少率が最も高いのは秋田県で35.6%、次いで青森県が32.1%です。

この結果、東京都の人口比率は2015年の10.6%から2040年には11.5%まで上昇すると予測されています。また南関東1都3県（東京、神奈川、埼玉、千葉）の人口割合も28.4%から30.1%まで高まります。

東京一極集中は世界的にみると例外

国際化が進むと政治、経済の中心地である大都市に人口が集中する

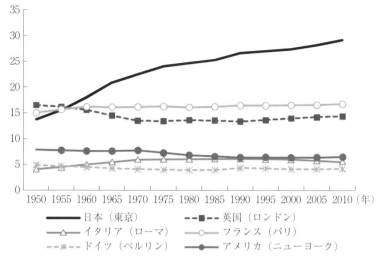

図1-4　首都圏への人口集中割合

出所：同前

と考えがちです。図1-4は先進国首都圏（中心都市）の人口割合をみたものです。この60年間、パリ、ベルリンの人口比率はほぼ横ばい、ロンドン、ニューヨークはやや減少気味です。

それに対して東京（首都圏）の人口集中度合いは年々高まっています。日本にいると国際化の中で東京に一極集中するのはやむを得ないと思いがちですが、世界の趨勢はそうなっていません。

東京一極集中の弊害は繰り返し、さまざまなところで指摘されてきました。しかし、その傾向は続いています。特に人口が全体として減り始めているにもかかわらず、東京一極集中が是正されなければ、地方は極めて厳しい事態を迎えるでしょう。

注

　人口についての統計資料は総務省統計局のホームページを参照。

http://www.stat.go.jp/

　将来人口予測については国立社会保障・人口問題研究所ホームページの「将来推計人口」を参照。

http://www.ipss.go.jp/syoushika/tohkei/Mainmenu.asp

　将来人口に関する国際的な比較については同研究所ホームページの「人口統計資料集」を参照。

http://www.ipss.go.jp/syoushika/tohkei/Popular/Popular2016.asp?chap=0

2章　地方創生に関する政府の基本政策

　1章でみた人口減少、東京一極集中に対応するのが地方創生だと説明されています。この指針として策定されたのが「まち・ひと・しごと創生長期ビジョン」、指針を実現するための施策が「まち・ひと・しごと創生総合戦略」です。これらは2014年12月に閣議決定されています。2章では閣議決定した長期ビジョンと総合戦略の概要をみます。

1　長期ビジョンで示された見通し

人口の見通し

　当面、人口を増やすことは困難ですが、人口減少率を穏やかにすることは可能です。日本では、死亡数から出生数を引いたものが、ほぼ人口減少数になるため、人口減少数を減らすためには、死亡数を減らす、出生数を増やすという二つの対策が考えられます。もちろん長生きすることは大切ですが、それでは事態の抜本的な解決にはなりません。また、移民政策をとることも考えられますが、日本では移民政策についての本格的な議論がされておらず、国民的合意も形成されていません。人口減少数を減らす対策の基本は出生率の向上になります。

　日本の若い世代に対してさまざまな調査が行われています。調査によって若干の違いはあるものの、産みたい子どもの数と実際に産んでいる子どもの数には差があります。その原因は、子育てと仕事が両立しにくい、子育てにお金がかかりすぎる、仕事が安定していないため子どもを産みにくいなどです。また、結婚を希望しているものの、出会いがないなどの理由で結婚していない方もかなりおられます。この

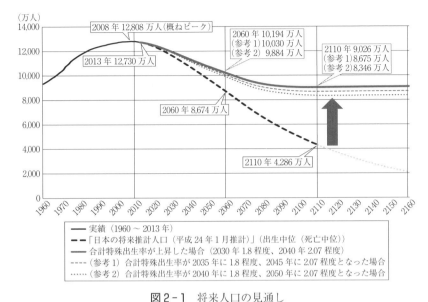

図2-1 将来人口の見通し

出所:閣議決定「まち・ひと・しごと創生長期ビジョン」2014年12月

ような社会的、経済的問題が解決し、結婚、出産の希望が実現すれば、出生率は1.8まで上がるとされています。この1.8を国民希望出生率と呼んでいます。

政府が策定した長期ビジョンでは今後の出生率を以下の2段階で考えています。第1段階は、2030年までに出生率を国民希望出生率1.8まで上げることです。第2段階は、2040年までに出生率を人口が長期的に安定する水準2.07まで引き上げることです。

これらが実現すると2060年に人口1億人程度が確保でき、2090年頃には9000万人程度で人口が安定するとしています（図2-1）。

1章でみましたが、もし今のままで人口が減り続けると100年後には4286万人まで人口が減ります。しかし先の想定で出生率が回復すると、100年後で9026万人の人口が確保できます。ただし、出生率の

回復が5年遅れると、安定する人口が300万人程度減ります。つまり2.07になるのが2050年になると100年後の人口は8346万人になるということです。

人口構造の変化

今後、出生率が上がらなければ生まれてくる子どもが減ります。一方、高齢者は増え続けます。そのため高齢化率は上昇し続けます。高齢化率とは65歳以上高齢者の割合です。2015年の高齢化率は26.9%です。少子化に歯止めがかからなければ、高齢化率は上昇し続け、2024年に30.1%、2061年に40%になり、その後21世紀はおおむね41%台で推移します。

年少人口比率（14歳以下の子どもの比率）は2015年で12.7%です。出生率が回復しなければ、年少人口比率は低下し続け、2044年に9.9%となり、その後21世紀はおおよそ9%台で推移します。

すでに日本は高齢化率が先進国で1位です。高齢化率が高い国はドイツ（20.8%）、イタリア（20.3%）で、それ以外のスウェーデン（18.2%）、フランス（16.8%）、イギリス（16.6%）、アメリカ（13.1%）などは、日本より10%程度低い数値です。2100年の予測ですが日本は41%まで上がると予測されています。他の国も高齢化は今より上がりますが、ドイツで34%、イタリアで32%です。イギリス（29%）、フランス（29%）、スウェーデン（28%）、アメリカ（26%）は現在の日本の高齢化率とほとんど同じ程度です。21世紀、出生率が回復しなければ、日本の高齢化率は先進国で1位、しかも他国を寄せ付けないほどの高水準になりそうです。

このようになると日本の人口構造はかなりいびつになります。国民の4割以上が高齢者、子どもは1割以下となり、それが長期間にわたって続きます。人口が減り続け、その上このような人口構成が続きま

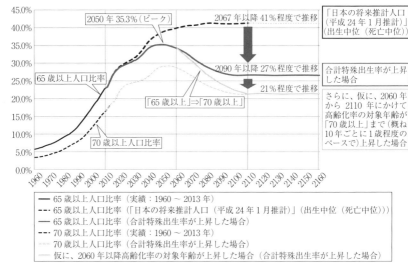

図2-2 人口構造の見通し

出所:同前

すと、日本の将来はかなり厳しくなります。

人口構造の見通し

さて先に上げた政府の見通し、2030年に出生率が1.8、2040年に2.07が実現できますと人口構造はかなり改善されます。この出生率が達成されますと、高齢化率の上昇スピードは遅くなり、2050年がピークで35.3%です。その後は高齢化率が下がり21世紀の後半には27%程度で安定します(図2-2)。この値は今の高齢化率とほぼ同じで、先にみた他国の高齢化率ともほぼ同じ水準です。

2 総合戦略の概要

総合戦略の構成

　長期ビジョンで示された人口の見通しを実現し、1章でみた東京一極集中を解消するための施策が総合戦略です。長期ビジョンは2060年までの長期的なビジョンですが、総合戦略は2015年度から始まる5カ年計画です。

　総合戦略には四つの基本目標が設定されています。その四つとは「地方における安定した雇用を創出する」、「地方への新しいひとの流れをつくる」、「若い世代の結婚・出産・子育ての希望をかなえる」、「時代に合った地域をつくり、安全なくらしを守るとともに、地域と地域を連携する」です。

　この四つの基本目標に対して、具体的な数値目標が示され、それを実現するための施策が並んでいます。その概要を以下でみます。

基本目標①――地方における安定した雇用を創出する

　東京に人口が集中しているのは1章でみたとおりです。しかしまんべんなく人々が集中しているのではありません。年齢別にみたのが図2-3です。これは2013年に東京圏、大阪圏、名古屋圏、地方圏の転入者数を年齢別にみたものです。

　20歳～24歳のところで東京圏が大きくプラスになり、15歳～19歳、25歳～29歳もプラスになっています。反対に地方圏では20歳～24歳で大きくマイナスになっており、ちょうど東京圏とは対照的なグラフになっています。60歳～64歳は東京圏でややマイナス、地方圏でややプラス、それ以外の年齢層はほとんどゼロに近くなっています。

　これはすべての年齢層の人が首都圏に集中しているのではなく、20

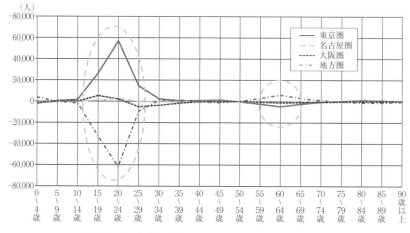

図2-3　年齢別首都圏への転入者数（2013年）

注：上記の地域区分は以下のとおり。
　　東京圏：埼玉県、千葉県、東京都、神奈川県
　　名古屋圏：岐阜県、愛知県、三重県
　　大阪圏：京都府、大阪府、兵庫県、奈良県
　　地方圏：三大都市圏（東京圏、名古屋圏、大阪圏）以外の地域
出所：国土交通省「国土のグランドデザイン2050 参考資料」2014年7月

　代前半を中心とした若年層が集中していることを意味します。トータルにみれば14歳以下と30歳以上は、首都圏と地方圏でほとんど移動がなく、60代前半、すなわち定年退職直後では、東京から地方に移転する人が多くなっています。

　そこで20代前半及びその前後の若者たちが、地方で働く場を見つけ、その後も安定した生活を送ることができれば、東京一極集中の是正に繋がるとしたのが基本目標①です。

　総合戦略では、年間10万人程度の若者が首都圏に転入超過となっている事態に対し、地方で安定した雇用を作り出すとしています。具体的には2016年に2万人、2017年に4万人と毎年2万人ずつの雇用を地方に作り出し、2020年には年間10万人の雇用を地方で創出すると

しています。これは累計ではありません。2020年には年間10万人分の新たな雇用を創出するということであり、5年間の累計では30万人の雇用創出になります。

　将来的には女性、高齢者の就業率が上がると思われますが、それ以上に人口が減るため、10万人もの雇用を毎年つくり出す必要はなくなるでしょう。一定の雇用を地方で作り続けることができれば、職を求めて首都圏に転入する必要は、量的な面に限ればなくなります。

基本目標②──地方への新しいひとの流れをつくる

　現在、地方から首都圏に転入してくる人が年間47万人、首都圏から地方に転出する人が37万人です。それに対して、首都圏に転入する人を6万人減らせば、転入者は年間41万人になります。反対に、首都圏から転出する人を4万人増加させれば、転出者は41万人になります。そうすれば、首都圏と地方圏の転出入が均衡します。このような転出入の均衡を2020年に実現するというのが基本目標の②です。

　基本目標①で地方に10万人の雇用を作り出し、その上で地方から首都圏への転入を減らし、首都圏から地方への転出を増やすこと。つまり、地方から首都圏ではなく、首都圏から地方へという新しいひとの流れを作り出そうということです。

基本目標③──若い世代の結婚・出産・子育ての希望をかなえる

　これは出生率を上げるための対策で、結婚、妊娠、出産、育児をしやすい地域をつくるということです。具体的な目標としては、2020年までに第一子出産前後の女性の継続就業率を55%に上げる（2010年で38%）。結婚希望実績指標（5年以内に結婚を希望する人がどの程度結婚したかという指標）を80%に上げる（2010年で68%）。夫婦子ども数予定実績指標（5年以内に出産を予定していた子どもが実際どの

程度産めたかという指標）を 95％ に上げる（2010 年で 93％）等を掲げています。

基本目標④——時代に合った地域をつくり、安心なくらしを守るとともに、地域と地域を連携する

これは人口の大幅な減少に対応して、地域をどのように造り替えるかということです。過疎地域などを除き、日本の多くの地域は人口や産業の増加を地域の目標とし、それを実現するための地域づくりを進めてきました。しかしこの地方創生では、人口減少が前提となります。そのため従来とは発想を 180 度転換し、国が示す連携中枢都市圏、定住自立圏、小さな拠点、コンパクトシティなどを念頭に置き、地域の実情に応じて新たな地域づくりの展望を示すということです。

注
　政府の地方創生に関する施策は以下のホームページが詳しい。
・まち・ひと・しごと創生本部（http://www.kantei.go.jp/jp/singi/sousei/）
・内閣府地方創生推進事務局（http://www.kantei.go.jp/jp/singi/tiiki/）

3章　47都道府県人口ビジョンの内容と特徴

　政府が策定した長期ビジョン、総合戦略を踏まえ、都道府県、市町村も人口ビジョン、総合戦略を策定しました。自治体が作成する人口ビジョンと総合戦略の関係は、政府が策定した長期ビジョン及び総合戦略と同じで、人口ビジョンを実現するための政策が総合戦略になります。3章では47都道府県が策定した人口ビジョンの内容と特徴をみます。

1　人口ビジョン及び総合戦略の位置づけ

実質的には策定が義務化

　まち・ひと・しごと創生法第8条で「政府は、基本理念にのっとり、まち、ひと、しごと創生総合戦略を定めるものとする」と書かれています。それに対して第9条では「都道府県は……（中略）……都道府県まち・ひと・しごと創生総合戦略を定めるように努めなければならない」となっています。また第10条で市町村についても「定めるように努めなければならない」とされています。そのため法的には、自治体の人口ビジョン、総合戦略策定は義務ではなく任意です。

　しかし、実際はすべての都道府県が総合戦略を策定しています。また、2016年3月時点で未策定の市町村は3カ所だけで、ほぼ義務になっています。閣議決定された総合戦略では、都道府県、市町村に対し人口ビジョン、総合戦略の策定とその実現を「強く期待している」とし、国も「地方自身による、裁量性と責任ある地方主導の政策づくりを、全力で支援していく決意である」と書いています。

支援の具体的な内容は新たな予算措置です。実際、自治体が取り組む地方創生に対し、政府は新たな予算措置をしています。しかし、その予算措置は地方交付税のように自治体の財政状況や自治体規模で割り振られるのではありません。自治体が策定した計画を政府が評価し、政府が優れていると判断したものに予算をつける仕組みです。その基本となる計画が、人口ビジョンと総合戦略であり、自治体が地方創生に関して新たな財源を政府から得ようとすると、それらの計画策定が不可欠になります。

人口ビジョンの構成

　自治体が策定する人口ビジョン、総合戦略の内容は自治体が考えるものです。法律には自治体が総合戦略を策定する場合、国の総合戦略を「勘案して」と書かれていますが、具体的な内容まで決めていません。

　しかし政府は人口ビジョンについて下記の内容を自治体に示しています。一点目は策定時期です。政府は2015年12月に出した通知で「遅くとも平成27年度中には、地方人口ビジョン及び地方版総合戦略を策定していただきたい」と期限を切りました。その結果、先に書いたようにほぼすべての自治体が2015年度中に人口ビジョン、総合戦略を策定しました。二点目は対象期間です。通知では「国の長期ビジョンの期間（2060年）を基本とする」としました。そのため、大半の都道府県は2060年度をめどとした人口ビジョンを策定しています。三点目は記載事項です。具体的には、人口の現状分析（人口動向分析、将来人口の推計と分析、人口の変化が地域の将来に与える影響の分析・考察）と人口の将来展望（将来展望に必要な調査分析、目指すべき将来の方向、人口の将来展望）を人口ビジョンの内容にするように示しました。これらをまとめ人口ビジョンの構成として示されたのが図3-1

3章　47都道府県人口ビジョンの内容と特徴　29

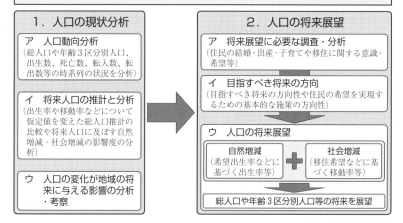

図3-1　政府が示した地方人口ビジョンの全体構成
出所：内閣府地方創生推進室「地方人口ビジョンの策定のための手引き」2015年1月

です。

2　47都道府県が策定した2060年の人口見通し

何もしなければどこまで人口が減るのか

1章でみましたが日本の人口は大幅に減少します。それを都道府県別にみたのが表3-1です。①が2010年の人口、②と③は少子化と東京一極集中が改善されなければ将来の人口がどうなるかという予測です。増減率欄の②/①は2040年でどの程度まで人口が減るかをみたもので、③/①は2060年までをみたものです。1章で2040年までの人口減少をみたので、ここでは人口ビジョンに盛り込む2060年までの人口減少率をみます。

③/①欄をみますと、全国的に人口は67.7％になります。人口減少率

表3-1 都道府県人口ビジョンで示された人口見通し

	人口	人口の推移（現状の延長）		人口見通し	
	2010 (①)	2040 (②)	2060 (③)	2040(④)	2060 (⑤)
全　　国	128,057	107,276	86,740		101,940
北　海　道	5,506	4,190	3,082	4,577	3,908
青　　森	1,373	932	639	1,003	859
岩　　手	1,330	938	679	1,039	885
宮　　城	2,348	1,973	1,572	2,050	1,844
秋　　田	1,086	700	468	760	611
山　　形	1,169	836	610	910	790
福　　島	2,029	1,485	1,070	1,620	1,420
茨　　城	2,970	2,423	1,900	2,640	2,410
栃　　木	2,008	1,643	1,180	1,750	1,520
群　　馬	2,008	1,630	1,287	1,800	1,600
埼　　玉	7,195	6,305	5,500	7,000	6,750
千　　葉	6,216	5,358	4,335	6,095	5,762
東　　京	13,159	12,308	10,360	12,896	12,238
神奈川	9,048	8,343	7,597	8,900	8,334
新　　潟	2,374	1,791	1,340	2,180	2,140
富　　山	1,093	841	646	915	806
石　　川	1,170	974	789	1,030	931
福　　井	806	633	494	682	605
山　　梨	863	666	500	792	750
長　　野	2,152	1,668	1,285	1,800	1,605
岐　　阜	2,081	1,660	1,190	1,690	1,470
静　　岡	3,765	3,035	2,387	3,400	3,052
愛　　知	7,411	6,856	6,096	7,345	7,008
三　　重	1,855	1,508	1,195	1,580	1,420
滋　　賀	1,411	1,309	1,127	1,372	1,285
京　　都	2,636	2,224	1,790	2,440	2,310
大　　阪	8,865	7,454	5,950	8,370	7,800
兵　　庫	5,588	4,674	3,657	5,015	4,500
奈　　良	1,401	1,096	839	1,200	1,051
和歌山	1,002	719	525	807	703
鳥　　取	589	441	333	489	434
島　　根	717	521	393	550	470
岡　　山	1,945	1,611	1,320	1,700	1,550
広　　島	2,861	2,391	1,942	2,470	2,358
山　　口	1,451	1,070	810	1,070	1,010
徳　　島	785	571	419	571	656
香　　川	996	773	600	840	760
愛　　媛	1,431	1,075	814	1,180	1,034
高　　知	764	537	390	602	557
福　　岡	5,072	4,379	3,590	4,780	4,540
佐　　賀	850	680	543	720	657
長　　崎	1,427	1,049	778	1,154	1,008
熊　　本	1,817	1,467	1,176	1,593	1,444
大　　分	1,197	955	761	1,036	961
宮　　崎	1,135	901	712	960	856
鹿児島	1,706	1,314	1,020	1,378	1,157
沖　　縄	1,393	1,369	1,330	1,540	1,620
合　　計			87,020	116,291	107,439

注：②は、国立社会保障・人口問題研究所「日本の地域別将来推計人口（平成25年3月推計）」の値
　　③は、都道府県人口ビジョンで示された値。ただし数値の記載がない都道府県はグラフから読みとった
　　④⑤は、都道府県人口ビジョンで示された値。ただし数値の記載がない都道府県はグラフから読みとった
　　沖縄県は人口ビジョンで2035年、2050年の見通しを示している。そのため、2040年の欄には2035年、
　　東京都は人口見通しを数値で示していない。そのため、2040年は①の98％、2060年は93％とした。こ
出所：筆者作成

(単位：千人、％)

②/①	③/①	④/①	⑤/①	⑤/③		
83.8	67.7	0.0	79.6	117.5	全	国
76.1	56.0	83.1	71.0	126.8	北 海	道
67.9	46.5	73.1	62.6	134.4	青	森
70.5	51.1	78.1	66.5	130.3	岩	手
84.0	67.0	87.3	78.5	117.3	宮	城
64.5	43.1	70.0	56.3	130.6	秋	田
71.5	52.2	77.8	67.6	129.5	山	形
73.2	52.7	79.8	70.0	132.7	福	島
81.6	64.0	88.9	81.1	126.8	茨	城
81.8	58.9	87.2	75.7	128.8	栃	木
81.2	64.1	89.6	79.7	124.3	群	馬
87.6	76.4	97.3	93.8	122.7	埼	玉
86.2	69.7	98.1	92.7	132.9	千	葉
93.5	78.7	98.0	93.0	118.1	東	京
92.2	84.0	98.4	92.1	109.7	神 奈	川
75.4	56.4	91.8	90.1	159.7	新	潟
76.9	59.1	83.7	73.7	124.8	富	山
83.2	67.4	88.0	79.6	118.0	石	川
78.5	61.3	84.6	75.1	122.5	福	井
77.2	57.9	91.8	86.9	150.0	山	梨
77.5	59.7	83.6	74.6	124.9	長	野
79.8	57.2	81.2	70.6	123.5	岐	阜
80.6	63.4	90.3	81.1	127.9	静	岡
92.5	82.3	99.1	94.6	115.0	愛	知
81.3	64.4	85.2	76.5	118.8	三	重
92.8	79.9	97.2	91.1	114.0	滋	賀
84.4	67.9	92.6	87.6	129.1	京	都
84.1	67.1	94.4	88.0	131.1	大	阪
83.6	65.4	89.7	80.5	123.1	兵	庫
78.2	59.9	85.7	75.0	125.3	奈	良
71.8	52.4	80.5	70.2	133.9	和 歌	山
74.9	56.5	83.0	73.7	130.3	鳥	取
72.7	54.8	76.7	65.6	119.6	島	根
82.8	67.9	87.4	79.7	117.4	岡	山
83.6	67.9	86.3	82.4	121.4	広	島
73.7	55.8	73.7	69.6	124.7	山	口
72.7	53.4	72.7	83.6	156.6	徳	島
77.6	60.2	84.3	76.3	126.7	香	川
75.1	56.9	82.5	72.3	127.0	愛	媛
70.3	51.0	78.8	72.9	142.8	高	知
86.3	70.8	94.2	89.5	126.5	福	岡
80.0	63.9	84.7	77.3	121.0	佐	賀
73.5	54.5	80.9	70.6	129.6	長	崎
80.7	64.7	87.7	79.5	122.8	熊	本
79.8	63.6	86.5	80.3	126.3	大	分
79.4	62.7	84.6	75.4	120.2	宮	崎
77.0	59.8	80.8	67.8	113.4	鹿 児	島
98.3	95.5	110.6	116.3	121.8	沖	縄
					合	計

概数
た概数
2060 年の欄には 2050 年の数値を入れている。
の割合は千葉、埼玉、神奈川県とほぼ同じ割合。

にしますと32.3％、おおよそ今の3分の2まで減ります。しかし、都道府県によって減少率はかなり異なります。2010年の半分以下になる県が2県（秋田43.1％、青森46.5％）、40％以上減少する県が20道県（北海道、岩手、山形、福島、栃木、新潟、富山、山梨、長野、岐阜、奈良、和歌山、鳥取、島根、山口、徳島、愛媛、高知、長崎、鹿児島）です。

　2040年では人口減少率が最も少なかったのは沖縄県ですが、2060年でも沖縄県の減少率が一番小さく4.5％です。減少率が20％以下の県は2県（神奈川、愛知）、30％以下の県は4都県（埼玉、東京、滋賀、福岡）です。

　ここでも地方での大幅な人口減少と首都圏及び大都市圏への人口集中が容易に読み取れます。

人口シミュレーションの方法

　都道府県が定める人口ビジョンの中心は、2060年にどの程度の人口を見通すかということです。各都道府県が作成した人口ビジョンではいくつかのシミュレーションが示され、そのうちのどのシミュレーションを採用するかを各都道府県が決めます。

　岩手県を例にその方法をみます。岩手県が策定した人口ビジョンでは**図3-2**が示されました。図の中に長いグラフが4本書かれています。これが四つのシミュレーションです。一番下の社人研と書かれたグラフは、国立社会保障・人口問題研究所の推計方法で描いたものです。これは特に何の対策も取らず、すなわち出生率が回復せず、転出超過も解消しなかった場合の将来人口見通しです。この場合、100年後の2110年には24万7000人まで人口が減ります。また2040年のところに93.8万人という数字が入っていますが、これは2040年に93万8000人まで人口が減るということです。これが**表3-1**②欄の値です。

3章　47都道府県人口ビジョンの内容と特徴　　*33*

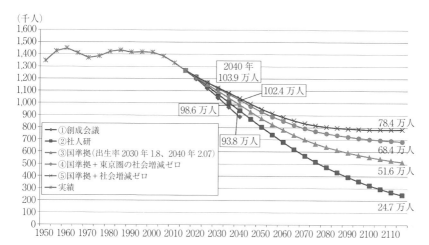

図3-2　岩手県の人口ビジョン
出所：岩手県「岩手県人口ビジョン」2015年10月

　次に下から2番目、国準拠と書かれたグラフです。これは国の長期ビジョンで示された出生率の見通し、2030年に1.8、2040年に2.07が岩手県でも実現できれば、将来人口がこのようになるというグラフです。2040年で98万6000人、2110年で51万6000人です。

　そして上から2番目、国準拠＋東京圏の社会増減ゼロと書かれたグラフです。これは先の出生率回復に加え、国の長期ビジョンで示された2020年に首都圏と地方との転出入がゼロになる、つまり岩手県と首都圏との転出入がゼロになれば将来人口はこのようになるというグラフです。これだと2040年で102万4000人、2110年で68万4000人です。

　最後は一番上、国準拠＋社会増減ゼロと書かれたグラフです。これは出生率が先のように回復し、かつ首都圏に限らず社会増減がゼロになった場合の将来人口見通しです。これですと2040年で103万9000人、2110年で78万4000人です。そしてこのグラフのみ21世紀中に

岩手県の人口減少が止まり、安定します。

　岩手県はこの四つのシミュレーションを行い、一番上のシミュレーションを県が目指す人口見通しとして採用しました。表3-1④欄の値は、岩手県が採用した一番上のグラフに書かれた値です。

　以上は岩手県のシミュレーションです。条件設定に若干の違いはありますが、複数の条件の下でシミュレーションを行い、その中から県の見通しを決める方法はすべての県に共通しています。

各都道府県が示した人口見通し

　以上のシミュレーションによって各都道府県が示した2060年の人口見通しを見ます（表3-1）。たとえば北海道ですと、今のまま推移すると2060年には308万人まで人口が減ります（③）。それに対して、北海道は2060年に390万人（⑤）の人口を維持するという人口見通しを決めました。今のまま推移すると人口減少率は44%（③/①）、それに対して人口ビジョンでは29%の人口減（⑤/①）にとどめたいという計画です。

　国の長期ビジョンでは2060年までの人口減少率が20.4%です。それに対して各都道府県はどの程度の見通しを示したのでしょうか（表3-1の⑤/①の欄、表3-2）。

　人口増加の見通しを示したのは沖縄県だけです。人口増加率は16.3%です。人口減少率が10%未満は7都県、そのうち首都圏が4都県（埼玉、千葉、東京、神奈川）、大都市圏が2県（愛知、滋賀）です。人口減少率が10%～20%の県は10府県、そのうち大阪大都市圏が3府県（京都、大阪、兵庫）、福岡もここに入ります。

　反対に人口見通しで減少率が最も高かったのは秋田県で43.7%の減少率です。40%以上の減少率にしたのは秋田県だけです。30%～40%の減少率としたのは5県で、そのうち東北が3県（青森、岩手、山形）、

表3-2 2060年までの人口増加・減少率（各都道府県の見通し）

		県数	
人口増加		1	沖縄
人口減少	0～10%	7	埼玉、千葉、東京、神奈川、新潟、愛知、滋賀
	10～20%	10	茨城、山梨、静岡、京都、大阪、兵庫、広島、徳島、福岡、大分
	20～30%	23	北海道、宮城、福島、栃木、群馬、富山、石川、福井、長野、岐阜、三重、奈良、和歌山、鳥取、岡山、山口、香川、愛媛、高知、佐賀、長崎、熊本、宮崎
	30～40%	5	青森、岩手、山形、島根、鹿児島
	40～50%	1	秋田

出所：筆者作成

それ以外は島根県、鹿児島県です。

　人口ビジョンで各都道府県が定めた見通しでも、首都圏及び大都市圏の減少率が少なくなっています。

3　都道府県人口ビジョンが実施されると東京一極集中が進む

東京一極集中を進める人口ビジョン

　地方創生の大きな目的は、出生率を上げ人口減少に歯止めをかけること、東京一極集中を是正することにあります。ところが都道府県が定めた人口ビジョンは必ずしもそれに沿っていません。表3-2を見ますと、首都圏、大都市圏の方が人口減少率が小さくなっています。

　そこで、すべての都道府県人口ビジョンが達成された場合、東京一極集中がどのように変わるかをみます。表3-3は各県の全人口に対する割合をみたものです。⑥欄は2010年の割合です。全国で一番は東京都で10.3％です。東京都と埼玉県、千葉県、神奈川県の合計は27.9％です。

表3-3　全国の人口に対する割合

(単位：％)

	人口 2010 (⑥)	人口の推移（現状の延長) 2040 (⑦)	2060 (⑧)	人口見通し 2040 (⑨)	2060 (⑩)	達成難易度 ⑩/⑧
北 海 道	4.3	3.9	3.5	3.9	3.6	1.03
青　　森	1.1	0.9	0.7	0.9	0.8	1.09
岩　　手	1	0.9	0.8	0.9	0.8	1.06
宮　　城	1.8	1.8	1.8	1.8	1.7	0.95
秋　　田	0.8	0.7	0.5	0.7	0.6	1.06
山　　形	0.9	0.8	0.7	0.8	0.7	1.05
福　　島	1.6	1.4	1.2	1.4	1.3	1.07
茨　　城	2.3	2.3	2.2	2.3	2.2	1.03
栃　　木	1.6	1.5	1.4	1.5	1.4	1.04
群　　馬	1.6	1.5	1.5	1.5	1.5	1.01
埼　　玉	5.6	5.9	6.3	6	6.3	0.99
千　　葉	4.9	5	5	5.2	5.4	1.08
東　　京	10.3	11.5	11.9	11.1	11.4	0.96
神 奈 川	7.1	7.8	8.7	7.7	7.8	0.89
新　　潟	1.9	1.7	1.5	1.9	2	1.29
富　　山	0.9	0.8	0.7	0.8	0.8	1.01
石　　川	0.9	0.9	0.9	0.9	0.9	0.96
福　　井	0.6	0.6	0.6	0.6	0.6	0.99
山　　梨	0.7	0.6	0.6	0.7	0.7	1.21
長　　野	1.7	1.6	1.5	1.5	1.5	1.01
岐　　阜	1.6	1.5	1.4	1.5	1.4	1
静　　岡	2.9	2.8	2.7	2.9	2.8	1.04
愛　　知	5.8	6.4	7	6.3	6.5	0.93
三 重 県	1.4	1.4	1.4	1.4	1.3	0.96
滋　　賀	1.1	1.2	1.3	1.2	1.2	0.92
京　　都	2.1	2.1	2.1	2.1	2.2	1.05
大　　阪	6.9	6.9	6.8	7.2	7.3	1.06
兵　　庫	4.4	4.4	4.2	4.3	4.2	1
奈　　良	1.1	1	1	1	1	1.01
和 歌 山	0.8	0.7	0.6	0.7	0.7	1.08
鳥　　取	0.5	0.4	0.4	0.4	0.4	1.06
島　　根	0.6	0.5	0.5	0.5	0.4	0.97
岡　　山	1.5	1.5	1.5	1.5	1.4	0.95
広　　島	2.2	2.2	2.2	2.1	2.2	0.98
山　　口	1.1	1	0.9	0.9	0.9	1.01
徳　　島	0.6	0.5	0.5	0.5	0.6	1.27
香　　川	0.8	0.7	0.7	0.7	0.7	1.03
愛　　媛	1.1	1	0.9	1	1	1.03
高　　知	0.6	0.4	0.4	0.5	0.5	1.16
福　　岡	4	4.1	4.1	4.1	4.2	1.02
佐　　賀	0.7	0.6	0.6	0.6	0.6	0.98
長　　崎	1.1	1	0.9	1	0.9	1.05
熊　　本	1.4	1.4	1.4	1.4	1.3	0.99
大　　分	0.9	0.9	0.9	0.9	0.9	1.02
宮　　崎	0.9	0.8	0.8	0.8	0.8	0.97
鹿 児 島	1.3	1.2	1.2	1.2	1.1	0.92
沖　　縄	1.1	1.3	1.5	1.3	1.5	0.99

注：⑧⑩欄は、四捨五入で小数点第1位までの数値にした。⑩/⑧は、四捨五入する前の数値で計算している。
出所：筆者作成

各県の人口ビジョンで示された2060年の値をみます（⑩）。人口割合の一番は東京都で11.4％、2010年より1.1％増加しています。また、1都3県の合計は30.9％となり、2010年より3％も増えます。確かに事態がこのまま推移したら（⑧）、東京都の割合は11.9％、1都3県の割合は32.9％ですから、事態を放置しておくよりはましですが、都道府県人口ビジョンによって東京一極集中そのものは今より進みます。

なぜ東京一極集中を進める人口ビジョンになったのか

東京一極集中を防ぐ目的で各県は人口見通しを作成したはずなのに、その人口見通しを達成すると、なぜ東京一極集中が進むのでしょうか。人口見通しで重要なのは出生率と社会増減の設定です。まず出生率からみます。政府は長期ビジョンで2030年に1.8、2040年に2.07の見通しを示しました。都道府県が設定した出生率は表3-4の通りで、まとめたのが表3-5です。47都道府県の内、政府と全く同じ出生率を想定したのが17県、2040年時点で政府と同じ出生率を想定したのが8県、合計25県（53％）は政府の設定と同じと考えていいでしょう。埼玉県、千葉県、愛知県、大阪府などから三大都市圏外の県までさまざまな県が入っています。

一方、政府の設定よりも高い見通しを設定したのは17県で、三大都市圏は含まれていません。反対に低い見通しを設定したのは5県で、東京都、神奈川県はここに含まれます。

次に社会増減をみます。政府は総合戦略で2020年までに首都圏と地方圏の社会増減について均衡を図るとしました。都道府県の見通しは表3-4の通りで、まとめたのが表3-6です。将来的に社会増を想定しているのが11県、首都圏の1都3県、愛知県、大阪府などが含まれます。それに対して2040年までに均衡を図るとしたのが8県で、東北、山陰、九州の県が多くなっています。また将来的にも社会減が続くと

表3-4 出生率、社会増減の見通し

	2010(実績)	出生率 2030	2040	社会増減を0にする年
全 国	1.39	1.8	2.07	
北 海 道	1.26	1.8	2.07	2025
青 森	1.38	1.8	2.07	2040
岩 手	1.46	1.8	2.07	0が目標だが達成年は不明
宮 城	1.3	1.8	2.07	不明
秋 田	1.31	2035年に1.83	2050年に2.07	2040
山 形	1.48	1.9	2035年に2.07	2040
福 島	1.52	1.94	2.16	2020
茨 城	1.44	1.8	2.07	社会増
栃 木	1.44	1.9	2.07	2025
群 馬	1.46	1.89	2.07	不明
埼 玉	1.32	1.8	2.07	社会増
千 葉	1.34	1.8	2.07	社会増
東 京	1.12		2060年に1.76	社会増
神 奈 川	1.31	1.7	2050年に2.07	社会増
新 潟	1.43	2018年に年間3万人生まれる		不明
富 山	1.42	1.9	2.07	2020
石 川	1.44	2028年に1.8	2038年に2.07	2020年に0、その後は社会増
福 井	1.61	1.8	2.07	2020
山 梨	1.46	2025年に1.87		2020年に0、その後は社会増
長 野	1.53	2025年に1.84	2035年に2.07	2025
岐 阜	1.48	1.8	2.07	2040
静 岡	1.54		2020年に2.07	2020
愛 知	1.52	1.8	2.07	社会増
三 重	1.51	1.9	2.07	2035
滋 賀	1.54	2040年に1.94	2050年に2.07	社会増
京 都	1.28	1.8	2.07	社会増
大 阪	1.33	1.8	2.07	社会増
兵 庫	1.41	2040年1.8	2060年2.0	2020
奈 良	1.29	2032年に1.8	2.07	2020
和 歌 山	1.47	2020年に1.8	2030年に2.07	社会減
鳥 取	1.54	1.95	2036年に2.07	2025
島 根	1.68	1.8	2.07	2040
岡 山	1.5	1.8	2.07	2020
広 島	1.55	2025年に1.85	2035年に2.07	2020
山 口	1.56	1.9	2.07	2025
徳 島	1.42	2025年に1.8	2030年に2.07	2020年に0、その後は社会増
香 川	1.57	1.8	2.07	2023年に0、その後は社会増
愛 媛	1.5	1.8	2.07	2020
高 知	1.42	2040年に2.07	2050年に2.27	2019年に0、その後は社会増
福 岡	1.44	2025年に1.8	2035年に2.07	社会増
佐 賀	1.61	2020年に1.77	2.07	2030
長 崎	1.61	2.08		2040
熊 本	1.62	2	2.1	2020
大 分	1.56	2	2.3	2020年に0、その後は社会増
宮 崎	1.68	2.07	2.1	2040
鹿 児 島	1.62	1.8	2.07	社会減
沖 縄	1.87	2035年に2.3	2050年に2.43	社会増

出所：筆者作成

表3-5　出生率の設定

	県数	県名
政府と同じ出生率		
2030年、2040年とも政府と同じ	17	北海道、青森、岩手、宮城、茨城、埼玉、千葉、福井、岐阜、愛知、京都、大阪、島根、岡山、香川、愛媛、鹿児島
2040年のみ政府と同じ	8	栃木、群馬、富山、山梨、三重、奈良、山口、佐賀
政府と異なる出生率		
政府より高い見通し	17	山形、福島、新潟、石川、長野、静岡、和歌山、鳥取、広島、徳島、高知、福岡、長崎、熊本、大分、宮崎、沖縄
政府より低い見通し	5	秋田、東京、神奈川、滋賀、兵庫

出所：筆者作成

表3-6　社会増減の設定

	県数	県名
社会増を想定	11	茨城、埼玉、千葉、東京、神奈川、愛知、滋賀、京都、大阪、福岡、沖縄
2020年前後までに均衡、その後は社会増を想定	6	石川、山梨、徳島、香川、高地、大分
2020年前後までに均衡を想定	16	北海道、福島、栃木、富山、福井、長野、静岡、兵庫、奈良、鳥取、岡山、広島、山口、愛媛、佐賀、熊本
2040年までに均衡を想定	8	青森、秋田、山形、岐阜、三重、島根、長崎、宮崎
社会減を想定	2	和歌山、鹿児島
不明	4	岩手、宮城、群馬、新潟

出所：筆者作成

したのは和歌山県と鹿児島県の2県です。

　さて、出生率の見通しについては地方の県が高く、首都圏が低くなっています。2010年で最も出生率が低い県は東京都で（表3-4の2010欄）、大都市圏の方が地方より低くなっています。そのため、出

生率の見通しが首都圏や大都市圏で低くなっても、人口見通しの傾向には影響しません。

社会増減の見通しですが、首都圏の1都3県は将来的にも社会増を想定し、地方では今後長期間にわたって社会減が続くとした県が10県に及びます。これが将来人口見通しが実現されると2010年以上に首都圏一極集中が進む理由です。

4　全県が人口ビジョンを達成するのは不可能

計画の整合性に疑問

都道府県人口ビジョンには県間を調整する仕組みがありません。そのため計画の整合性に疑問があります。

社会増を想定している県が17県、均衡が24県、社会減が2県です（表3-6）。社会増減はトータルにするとプラス・マイナス・ゼロになります。しかし各県が設定した見通しではトータルにするとプラスで、このようなことは起こりえません。

社会増減の場合、どこかの県がプラスになると、どこかの県は必ずマイナスになります。そのため、県間で人口の取り合いが起こりかねません。

ブロック単位でみますとこの傾向は顕著です。2014年、九州で社会増は福岡県だけです。福岡県からみて転入超過県の大半は九州の他県、転出超過の大半は首都圏です。福岡県は人口ビジョンで首都圏との転出入の均衡を想定しています。言い換えますと九州他県からの転入超過はそのままです。一方、福岡県以外の県は転入超過ですが、鹿児島県を除き、各県が策定した人口ビジョンでは転出入の均衡を図るとしています。そのため、九州各県の人口ビジョンが達成されるのは不可能です。

人口ビジョンは各県が自主的に決めた目標であり、このこと自体が問題ではありません。問題なのはすべての都道府県が達成するのは不可能な目標を、自治体として公式に決めていいのかということです。

首都圏の方が人口ビジョンの達成が容易

すべての都道府県が人口ビジョンを達成するのは不可能ですが、達成の難易度は県によって異なります。難易度を厳密に比較するのは困難ですが、ここでは表3-3の達成難易度欄の数値で説明します。これは事態がこのまま推移すれば県の人口割合がどの程度になるか（⑧）に対して、人口見通しを達成すれば人口割合がどの程度になるか（⑩）の割合を見たものです。1を越えればそれだけ人口見通しの設定が高いことを意味しており、達成が難しくなります。反対に1以下の場合は、見通しの設定が相対的に低く、達成が容易です。

この値が1以下の県が17県ありますが、東京、埼玉、神奈川が含まれています。反対に東北で1未満は宮城だけで、四国も全県が1以上です。

先にみたようにすべての都道府県が人口ビジョンを達成すると東京一極集中が進んでしまいます。ただし、実際はすべての都道府県が見通しを達成するのは不可能ですが、達成という点では首都圏の方が容易です。そうすると首都圏は見通しを達成し、地方では見通しを達成できないということになり、東京一極集中は見通し以上に進みかねません。

5　都道府県人口ビジョンの特徴

人口ビジョンの構成、方法はすべて同じ

各県が策定した人口ビジョン、総合戦略の構成、方法は極めてよく

似ています、というか同じです。それは人口ビジョン、総合戦略の策定方法、内容について、政府がかなり細かな方向性を示したからです。

たとえば各県が策定した人口ビジョンの構成は**図3-1**で示したものとなっています。これと大きく異なる構成はみられませんでした。

将来人口予測では各県がシミュレーションを行っていますが、これは政府が配布したワークシートに数値を入れて作成したものです。ですから計算方法は全く一緒です。比較検討するグラフもだいたい三つ～五つです。**図3-2**で説明に使った岩手県は四つのグラフを作っていました。ほぼすべての県が、国立社会保障・人口問題研究所の値、出生率が回復した値、社会増減が均衡した値でグラフを作っています。出生率がいつ2.07まで回復すると想定するかは県で異なりますが、**表3-5**でみたように政府の見通しと同じ期間にしている県が半数以上です。やや異なった値でグラフを描いていたのは新潟県です。新潟県も五つのグラフを描いていましたが、出生率だけで計算するのではなく、年間子どもが3万人生まれるという値を使ったグラフも作成していました。東京都は将来人口の見通しを発表していません。出生率については2060年に1.76という見通しを示していますが、「自発的意思による人口移動」を「政策的に誘導することは困難である」とし、社会増減に関する見通しは示していません。この2都県が例外といえば例外といえるかもしれません。

また、各県が策定した人口ビジョンにはさまざまなグラフが描かれていますが、描き方はすべて同じです。グラフについてもどのようなグラフを作成したらいいか国が示したからです。

そして、都道府県別に活用できるいくつかのデータも政府が提供しています。その上、県が独自に調査する場合もどのようなデータを集めたらいいかを示しています。「住民の結婚・出産・子育てに関する意識や希望の調査」「地方移住の希望に関する調査」「高校、専門学校、

大学など卒業後の地元就職率の動向や進路希望の調査」などです。県は首都圏に転出した若者にアンケートを送り、Uターン希望者が何割ぐらい存在するかを調べ、それが毎年どの程度実現できれば社会増減の均衡が図れるかを検討しています。どの県も国が提供したデータを使うか、国が示した調査を実施しています。

現状分析はしているが原因分析はしていない

　方法、構成、形式以外にも共通点があります。まず一つめの共通点は、人口がどのように推移してきたか、どの地域にどの程度転居しているか、何歳ぐらいの人が転居しているかなど、現状分析はある程度行っているということです。二つめは、一点目よりはやや弱いですが、Uターン希望者の割合、未婚で結婚を希望しているものの割合、希望する子ども数と実際の子ども数のギャップなど、ある程度の意識も把握していることです。そして三つめは、いろいろな施策を展開してきたが、なぜ若者たちが東京へ転出するのか、なぜ希望する子どもをもつことができないのかなど、現状を引き起こしている原因が全くといっていいほど分析されていないということです。

　図3－1をもう一度見てください。これは政府が自治体に示した人口ビジョンの構成です。ここには現状分析、意識調査とそれを元にした将来展望しかなく、現状を引き起こした原因分析が欠けています。

　注
　　自治体が策定する人口ビジョン、総合戦略に関して、政府が出した通知や手引きは下記の通りである。
・内閣官房まち・ひと・しごと創生本部事務局「『地方人口ビジョン』及び『地方版総合戦略』の策定に向けた人口動向分析・将来人口推計について」2014年10月。
・内閣府「都道府県まち・ひと・しごと創生総合戦略及び市町村まち・ひと・

しごと創生総合戦略の策定について（通知）」2014 年 12 月。
・内閣府地方創生推進室「地方人口ビジョンの策定のための手引き」2015 年 1 月。
・内閣府地方創生推進室「地方版総合戦略策定のための手引き」2015 年 1 月。

4章　47都道府県総合戦略の内容と特徴

　3章で都道府県が策定した人口ビジョンの内容と特徴をみました。4章では都道府県が策定した総合戦略の内容と特徴をみます。

1　都道府県総合戦略の構成

都道府県総合戦略の位置づけと対象期間

　都道府県総合戦略は先にみましたが、「まち・ひと・しごと創生法」第9条、市町村総合戦略は同10条に基づいて各々定められています。両者とも国の総合戦略を勘案して策定しなければなりません。そこで政府は総合戦略についても通知などを出しています。

　都道府県総合戦略の対象期間は、政府の総合戦略と同じ2015年から2019年の5カ年です。

三つの記載事項

　国が自治体の総合戦略に記載すべき事項として示したのは以下の4点です。

　一点目は「政策分野」と「基本目標」です。まず政策分野を決め、その分野ごとに5年後の基本目標を設定します。たとえば島根県は「しごとづくりとしごとを支えるひとづくり」「結婚・出産・子育ての希望をかなえる社会づくり」「しまねに定着、回帰・流入するひとの流れづくり」「地域の特性を活かした安心して暮らせるしまねづくり」の4政策分野を定めています。そして最初の政策分野では「雇用創出数7700人（2015年から2019年の累計）」「事業継承により後継者を確保した

企業数200社（同）」「観光入込客数3400万人/年（2019年）」「農業法人数500法人（2019年）」の四つの基本目標を定めています。

二点目は「基本的方向」です。これは先に定めた基本目標を達成するための施策です。島根県ですと、政策分野の一つめに「しごとづくりとしごとを支えるひとづくり」があり、それに関連して四つの基本目標を決めていました。その基本目標の三つめが「観光入込客数3400万人」です。これを実現するために「地域資源の活用」「誘客宣伝活動の強化」「外国人観光客の誘客」「広域連携による誘客」と四つの基本的方向が書かれています。

三点目は「具体的な施策と客観的な指標」です。これは基本的方向に沿った具体的な施策と、各施策の進捗状況、効果を検証するための客観的な指標です。この指標を「重要行政評価指標」、略してKPI（Key Performance Indicators）と呼んでいます。島根県の場合、基本的方向の一つめは「地域資源の活用」でしたが、その具体的な施策として「地域主導による魅力づくり」「石見地域の観光振興」「隠岐地域の観光振興」の三つが示され、その各々に具体的な内容が書かれています。また具体的な施策に対応して「観光消費額1450億円（2019年）」「観光入込客数3400万人（2019年）」「宿泊客数375万人（2019年）」「観光満足度70％（2019年）」「石見神楽定期公演鑑賞者数2万人（2019年度）」「隠岐入島客数14万人（2019年度）」と六つのKPIが定められています。

客観的な効果の検証

四点目は「客観的な効果検証」です。総合戦略には「政策分野」「基本目標」「基本的方向」「具体的な施策」「客観的な指標」を書くだけではありません。施策の進捗状況、目標の達成状況を検証し、改善する仕組みを盛り込まなければなりません。この検証はKPIの達成状況と

の関係で進めるため KPI は数値目標とされています。また検証は行政内部で進めるのではなく、外部有識者を含む検証機関を設置して進めるべきとしています。

2　都道府県が定めた政策分野

国の政策分野を踏襲したのが 34 県

　政府の総合戦略で設定した政策分野・基本目標は 2 章でみた「地方における安定した雇用を創出する」「地方への新しいひとの流れをつくる」「若い世代の結婚・出産・子育ての希望をかなえる」「時代に合った地域をつくり、安全なくらしを守るとともに、地域と地域を連携する」です。では実際、47 都道府県がどのような政策分野を設定したのでしょうか。

　全体的にいえるのは、国の 4 分野を踏襲しているということです。1～3 分野は表現も国と同じ県が多くなっています。四つめの基本目標の表現は国と異なる県が多くなっていますが、この理由は後で説明します。まず 11 県は分野だけでなく、順番も国と同じです（宮城、秋田、山形、福島、茨城、栃木、埼玉、神奈川、高知、佐賀、熊本）。特に国が地方としたのを、宮城、栃木、熊本に変えただけ、県内に変えただけ（福島、埼玉、神奈川）、本県に変えただけ（茨城）という感じの県もあります。また分野は同じですが、順番を変えているのが 10 府県です（新潟、長野、京都、島根、岡山、山口、徳島、福岡、大分、宮崎）。

　内容的には大きく変わりませんが、国が一つにまとめた政策分野を二つに分割したり、反対に国が二つに分けた政策分野を一つにまとめた県が 13 県あります（岩手、群馬、富山、山梨、岐阜、静岡、愛知、和歌山、広島、香川、愛媛、長崎、鹿児島）。

独自の政策分野を設定したのが 13 県

　国の総合戦略にはない政策分野を設定した県もあります。北海道は「札幌圏への人口集中に対応する」としています。北海道は面積が広く札幌への集中が顕著です。そのため札幌だけでなく、全域の発展が重要という考えから設定したものです。同じ考えをしたのは沖縄県で「離島・過疎地域の振興に関する取組（バランスのとれた持続的な人口増加社会）」を設定しています。

　千葉県は東京オリンピックを念頭に置き「東京オリンピック・パラリンピックを契機とした世界中から人々がやってくる CHIBA づくり」、石川県は北陸新幹線の経済効果を最大限取り込むため「北陸新幹線金沢開業効果の最大化と県内各地、各分野への波及」を設定しています。

　興味深かったのは青森県です。青森県は政策分野 4 を「課題をチャンスに、めざせ健康長寿県」としています。青森県は男女とも寿命が全国最下位です。そこで健康づくりを促進しようというわけですが、単なる健康対策ではありません。青森県は「県民総時間」という考えを導入しています。これは青森県内で過ごす時間のことで、寿命が短いと県民総時間も短くなります。寿命が延び、県民総時間が長くなれば、県内での消費も増え、地域経済の活性化に寄与します。また人口減少への対策といえば少子化対策が一般的ですが、寿命を延ばすことも人口減少対策になります。

　福井県も興味深い政策分野と設定しています。それは「幸福な暮らしの維持・発展」です。福井県は日本総合研究所の調査によると都道府県幸福度ランキングが全国 1 位です。これを維持することで U ターンや若者の県内定住を進め、移住・定住を促進しようとしています。そのため「幸せ巡遊プロジェクト」（県内各地の幸福スポットを集め、巡遊するコースを設定し、全国に発信する）、「幸福と希望、豊かさ、人口の研究促進」（幸福感が人口に与える影響、幸福度向上の妨げになる

課題の研究）などを具体的施策としています。

　三重県、滋賀県、鳥取県は、具体的な施策については他の県と大きく変わりませんが、政府が示した四つの政策分野ではなく、独自に設定した政策分野で具体的な施策をまとめています。たとえば、三重県はライフステージ（思春期、結婚、出産、子育て）、ライフシーン（学ぶ、働く、暮らす）に沿って具体的な施策を展開しており、市民的にはわかりやすいかもしれません。

3　総合戦略で示された都道府県の考え

安定した雇用の創出（表4-1）

　総合戦略には多数の具体的な施策が並んでいます。ここでは都道府県が地方創生との関係で、どのような具体的な施策を展開しようとしているのか、そこにどのような傾向があるのかをみます。

　安定した雇用の創出は、出生率の回復に不可欠で、地方での雇用創出は東京一極集中の是正を進める柱です。雇用の創出に関する都道府県の意向は明確です。最も重視している分野は農業と観光です。農業でKPIを設定していないのは東京都のみ、観光でKPIを設定していないのは宮城県のみで、46都道府県が二つの分野でKPIを設定しています。食料は国の基幹であり、これを振興し安定した雇用を作り出すという考えは大切です。また、林業、漁業、六次産業を重視している県も多くなっています。

　次に多いのは、企業誘致、そして創業支援、再生可能エネルギーです。全体的にみると、都道府県が雇用創出で重視している分野は、第一次産業、観光、再生可能エネルギーです。また、企業誘致を進めつつ、創業支援、地元の企業振興で雇用を増やそうとしています。

表 4-1 雇用の創出

	一次産業						二次産業	
	農業	林業	漁業	畜産業	6次産業	害獣対策	製造業	建設業
県数	46	37	35	15	33	14	20	10
%	97.9	78.7	74.5	31.9	70.2	29.8	42.6	21.3

	第三次産業			新産業			
	観光	エネルギー	商業サービス業	医療健康	情報、ICT	航空宇宙	ロボット
県数	46	31	15	17	8	7	6
%	97.9	66	31.9	36.2	17	14.9	12.8

	既存企業・産業対策					
	輸出・海外投資	新規開発	大学連携	中小企業	事業継承支援	伝統産業
県数	25	23	22	21	11	9
%	53.2	48.9	46.8	44.7	23.4	19.1

	誘致			
	企業誘致	国際会議	政府機関	海外からの投資
県数	42	10	7	7
%	89.4	21.3	14.9	14.9

	雇用				その他	
	女性就業	障害者就業	高齢者就業	雇用マッチング	創業	人材育成
県数	26	25	22	13	34	23
%	55.3	53.2	46.8	27.7	72.3	48.9

注 表4-1〜表4-4は下記の視点で作成しました。
・県が総合戦略に載せた具体的な施策は膨大です。そのため、KPIが設定されている具体的な施策のみ取り挙げています。
・県数は項目に関するKPIを定めている都道府県の数です。それらの項目の充実、向上を目標とした都道府県の数を意味しています。
・大半の県は国の総合戦略で示された政策分野に沿って自らの政策分野を設定しています。ここでは国が定めた四つの政策分野ごとに県の具体的な施策を整理しています。
・同じような具体的な施策でも、どの政策分野に位置づけるかは県によって異なります。ここでは表4-1〜表4-4の分類で整理します。
・すべての具体的な施策を取り上げるのではなく、原則として5県以上が掲げた具体的な施策のみを挙げています。
・エネルギーは再生可能エネルギーに限定しました。
出所：筆者作成

新しいひとの流れ（表4-2）

　新しいひとの流れは、地方で雇用を創出しつつ、首都圏から地方へ今までとは逆の流れをつくる施策です。しかし、この分野に位置づけ

表4-2　新しいひとの流れ

	移住支援				就職支援			その他	
	移住相談	空き家活用	一時滞在	体験ツアー	県内就職率	Uターン就職	インターンシップ	情報発信	地域おこし協力隊
県数	23	10	9	8	31	22	21	14	10
%	48.9	21.3	19.1	17	66	46.8	44.7	29.8	21.3

注　空き家活用：空き家を移住支援に活用する施策に限定。
　　県内就職率：県内の大学、高校の卒業生が県内で就職する比率を向上させること。
　　インターンシップ：県内の大学生、高校生が県内でインターンシップを行うこと。
出所：筆者作成

られる施策は多くありません。就職支援に関する施策が比較的高くなっています。県内の大学、高校を卒業した若者が県内で就職することは大切ですが、この数値を引き上げるためには、若者を惹きつける雇用を地域で作り出さなければなりません。Uターン就職者を増やすことも同じです。先に取り上げた雇用の創出次第でしょう。

次に多いのは移住相談です。重要な施策であり、一定の成果を上げている自治体もあります。相談にとどめず、関連する施策を全体として進めるべきでしょう。

結婚・出産・子育て支援（表4-3）

結婚・出産・子育て支援は出生率の回復を進めるための具体的施策です。しかし、この分野の具体的な施策も多くありません。子育て支援に載せた項目が高くなっていますが、保育、学童保育等の充実は従来から進めているものであり、重要な施策ですが、その延長で出生率が上昇に転じるかどうかは疑問です。それ以外に高いのは職場環境改善、婚活、育児休暇取得率の向上です。ただ、職場環境の改善は民間企業に依頼するものであり、KPIで掲げられた多くは「子育てを応援する企業数」を増やすなどです。そのため、どこまで実現できるか、また実現できても少子化対策に繋がるかどうかはわかりません。育児休

表4-3 結婚・出産・子育て支援

施策	婚活	子育て支援				医療		
		保育	地域子育て支援	学童保育	家庭支援	産科の充実	不妊治療	小児科の充実
県数	32	36	27	26	5	15	13	10
%	68.1	76.6	57.4	55.3	10.6	31.9	27.7	21.3

施策	雇用・労働条件					助成金		
	職場環境改善	育児休暇取得率	若者就業率向上	労働時間短縮	若者雇用安定	保育料	奨学金	住宅助成
県数	36	23	15	7	6	7	6	5
%	76.6	48.9	31.9	14.9	12.8	14.9	12.8	10.6

注 地域子育て支援：子育て支援センター、ファミリーサポートセンターなど地域で展開される子育て支援。
　職場環境改善：女性が働きやすいような職場環境を整える企業数を増やすこと。
　住宅助成：子育てに関係する住宅助成に限定。
出所：筆者作成

暇取得率の向上も同じです。そうなると地域で実施される婚活が具体的な施策の中心となります。

　日本では子育てに多額の個人負担が発生しますが、それに対する具体的施策は多くありません。最も多いので保育料の補助ですが、これも多くの自治体で従来から取り組まれているものです。出生率を上げるためには雇用の安定が不可欠ですが、自治体としてそれを目標にしている県はわずかです。

地域の再編（表4-4）

　この政策分野は「時代に合った地域をつくり、安全なくらしを守るとともに、地域と地域を連携する」となっています。2章で書きましたが、趣旨は人口減少に対応して、地域をつくりかえるということです。政府が策定した総合戦略では連携中枢都市圏、定住自立圏など市町村間の連携、立地適正化や小さな拠点など地域の改造が重視されています。

　都道府県が作成した総合戦略では、医療・福祉、防災、地域活動、学

表4-4 地域の再編

	地域活動			まちづくり					
	地域活動支援	若者活動支援	協働まちづくり	空き家対策	公共施設長寿命化	景観	商店街活性化	環境保全	バリアフリー
県数	28	7	5	16	15	11	11	11	7
%	59.6	14.9	10.6	34	31.9	23.4	23.4	23.4	14.9

	安全				医療・福祉			
	自主防災	耐震	防犯	交通事故	介護	医療	健康診断	自立支援
県数	30	13	13	8	31	28	20	6
%	63.8	27.7	27.7	17	66	59.6	42.6	12.8

	交通		インフラ		教育		文化・スポーツ		その施策	
	移動手段	地域交通計画	道路	情報網	学校教育	社会教育	スポーツ	文化芸術	国際交流	男女共同参画
県数	13	11	20	14	28	6	26	19	13	9
%	27.7	23.4	42.6	29.8	59.6	12.8	55.3	40.4	27.7	19.1

	連携・再編						
	立地適正化	定住自立圏	小さな拠点	連携中枢都市圏	CCRC	公共施設再編	独自の連携
県数	11	10	9	8	5	4	7
%	23.4	21.3	19.1	17	10.6	8.5	14.9

注　若者活動支援：若者が地域で取り組む諸活動に対する支援。
　　CCRC：元気な高齢者が地方に移住すること。高齢者の地方移住を進め、首都圏での急速な高齢化を防ぎ、地方の活性化を進める計画。
出所：筆者作成

校教育、スポーツ等が多く、それ以外の政策分野に入らなかった内容がすべて盛り込まれているという感じです。やや特徴的なのは、ハード整備と関係する施策よりも、ソフトが中心となる自主防災、消防団、コミュニティ活動などをKPIに設定した県が多かったことです。また東京オリンピックと関係づけてスポーツ施策を掲げた県、児童の学力向上を挙げた県も多かったといえます。インフラ整備では情報網の整備を約3割の県がKPIに設定していますが、それ以上に道路整備を重視している県が多くなっていました。

　一方、国が重視した地域の再編をKPIとして設定している県は少数です。そのなかでもやや多いのは立地適正化、定住自立圏ですが、これらで20％を少し越えた程度です。また、これらをKPIとして設定

している県でも、医療・福祉やまちづくりは、この連携、再編とは別に考えているところが大半でした。

4　都道府県総合戦略の特徴

国の総合戦略の枠内で作成

　都道府県の総合戦略は、国の総合戦略を勘案して策定しなければなりません。しかし、そもそも今回の地方創生は地域の自主性を尊重したものでした。ところが実際に都道府県が策定した総合戦略は、ほぼ国の総合戦略の枠内で策定されたといえます。確かにいくつかの興味深い政策分野を設定している県もありますが、多くの県は国の総合戦略で設定された政策分野を念頭に置いて総合戦略を策定しています。

具体的な施策は従来施策の延長

　都道府県がKPIとして設定した具体的な施策をみますと、多くは従来から取り組まれてきた施策の延長です。もちろん、従来の施策を延長、充実させることは重要です。しかし、地方創生は従来の施策では解決できなかった少子化、東京一極集中を反転させることが目的であり、従来施策の延長だけでは地方創生の目標を達成するのは難しいでしょう。

　特にその傾向が顕著に読み取れるのは結婚・出産・子育て支援です。婚活をKPIにしている県が多くみられます。そのこと自身は批判しませんが、それで少子化に歯止めがかかるとは思えません。新しいひとの流れについても同様のことがいえます。これらの政策分野については具体的な施策そのものが少なく、県として何を進めるべきか、よく言えば検討中、悪く言えば何をしたらいいのかわからない状態だと思います。

雇用創出に関する県の意向は明確

　安定した雇用の創出については具体的な施策が多く出されています。県として雇用を増やすために重視したい分野は農林漁業、観光、企業誘致、創業支援、再生可能エネルギーでかなり明確です。

地域の再編

　後でみますが、政府が地方創生で重視しているのは地域の再編です。しかしそれに関わる具体的施策を KPI として設定した県は少数です。また医療・介護、防災、学校教育の充実を KPI として設定した県が多くなっていますが、それらの施策を地域の再編と関係づけている県はほとんどありません。この政策分野にはさまざまな具体的施策が含まれていますが、政府の意図とは異なり、さまざまな施策が並列的に並んでいます。

　先に書きましたが、この政策分野については、独自の表現にしている県が多くなっています。それは、この政策分野については、政府の意図と異なる内容になっているからです。

5章　人口減少にともなう国土の再編成

　日本では1960年代から国土計画が取り組まれてきました。その国土計画が大きな転換点にあります。ここでは1章でみた人口減少との関係で政府が国土をどのように作りかえようとしているのか、それが地方創生とどう関係しているのかをみます。

1　20世紀の国土計画

国土計画の目的
　20世紀、日本は東洋の奇跡ともいわれた高度経済成長を実現しました。その原動力の一つに日本の国土開発、都市開発があります。当時の日本では高速道路や新幹線建設を大都市圏に集中させ、大規模な都市開発を行い、戦前の都市構造を生産性の高い現代的な都市構造に造りかえました。また、安価な労働力として地方から大量の人々を都市部に移住させ、安い原材料を海外から輸入しました。それによって生産された安価な製品を輸出し、経済成長を実現させました。同時に、急増したファミリー層の旺盛な消費、次々とできた工場等の設備投資も、日本の経済成長を支えた大きな要因でした。
　日本の国土計画は1962年に策定された第一次全国総合開発計画にさかのぼります。国土計画には二つの大きな目的がありました。一つは、日本の経済成長を保障する国土をつくるということです。もう一つは、国土の均衡な発展をめざすということです。20世紀の間に5回の総合開発計画が策定されましたが、それらの国土計画の理念は後者に重点を置いていました。

当時は人口や産業が都市部に集中し、それが日本の高度経済成長を支えましたが、地方では深刻な過疎が生じました。都市部では新たに誕生した市民が当時の革新政党の支持者となり、保守政党の得票率が大きく減りました。地方では保守政党がかなりの支持を得ていましたが、過疎が深刻化すると、地方でも保守政党の地盤が崩れかねません。そのような政治状況が大きく作用し、過疎・過密の解消、国土の均衡な発展が国土計画の目的とされました。

何が成功して、何が失敗したのか

過疎の解消方法は、都市部から工場を移転させる、全国に新幹線・高速道路網を形成する、リゾート開発を行うなどと変化しました。しかし、政府が補助金のメニューをつくり、地方の政治家や有力者が補助金を確保し、それを原資として政治基盤を維持するという構造は変わりませんでした。

20世紀の間に5回の国土計画が作成されました。表5-1は国土計画が策定された年ごとに、三大都市圏内の人口と三大都市圏以外の人口割合をみたものです。1962年に第一次全国総合開発計画が策定され、1998年に第五次の総合開発計画が策定されています。その間に、全国の人口は3129万人増えています。三大都市圏の人口は、同期間に4135万人から6479万人まで、2344万人増えました。全国で増加した人口の75％は三大都市圏で増えています。一方、同じ期間に三大都市圏以外は5383万人から6168万人まで、785万人の増加に留まりました。その結果、三大都市圏の人口比率は43.4％から53.6％にまで、7.8％割合を増やし、三大都市圏の人口比率が50％を越えました。

国土計画の大きな目的は過疎、過密の解消です。残念ながら40年間にわたる20世紀の国土計画は、最も基本的な目標を達成できなかったといっていいでしょう。一方、公共事業費等を中心とした補助金を活

表5-1　国土計画策定時の人口割合（万人）

年	国土総合開発計画					国土形成計画		増減	
	第1次	第2次	第3次	第4次	第5次	旧	新	1962-1998	1962-2015
	1962	1969	1977	1987	1998	2008	2015		
全　　国	9,518	10,253	11,416	12,223	12,647	12,808	12,711	3,129	3,193
三大都市圏	4,135	4,904	5,650	6,157	6,479	6,750	6,818	2,344	2,683
％	43.4	47.8	49.5	50.4	51.2	52.7	53.6	7.8	10.2
それ以外	5,383	5,349	5,766	6,066	6,168	6,058	5,893	785	510
％	56.6	52.2	50.5	49.6	48.8	47.3	46.4	-7.8	-10.2

出所：筆者作成

用し、地方での保守基盤を維持する目的は達成されたといえます。

2　小泉構造改革による国土計画の終焉

「国土の均衡な発展」という旗を降ろす

　21世紀に入ると、国土総合開発計画から国土形成計画に変わり、今まで2回策定されました。これは単なる名前の変化ではなく、国土計画の趣旨が変化したことを意味します。

　その背景の一つは、財政悪化です。1990年代、景気対策を名目に公共事業予算が拡大され、財政が一気に悪化しました。そのため、公共事業を進めたくても、財政的制約から不可能になりました。もう一つは、本格的な国際化の進展です。1985年のプラザ合意以降、急速な円高が起こり、工場の海外移転が進みました。移転先は、アメリカやヨーロッパなどの現地生産と、日本の地方よりも安価な労働力が期待できる中国や東南アジアです。その結果、それまで安価な労働力を都市部に供給していた地方の役割が低下しました。

　それに加え、小泉内閣の登場で「都市＝革新、地方＝保守」という図式が崩れ、都市部でも保守政党が一定の支持を得られるようになりました。

日本経済において地方の役割が低下したこと、公共事業予算を通じた政治誘導が困難になったこと、地方を維持する政治的目的が低下したこと。これらの要因により、国土計画で地方を維持する理由が大きく減少しました。

国土形成計画（2008年）の本質

　小泉構造改革では、それまで政府が掲げてきた過疎・過密の解消、国土の均衡な発展という旗を降ろしました。これによって1960年代から続いてきた国土計画は終わり、国土形成計画に改められました。

　国土形成計画は全国計画と広域地方計画からなります。広域地方計画を立てる区域（広域ブロック）として8区域（東北、首都、北陸、中部、近畿、中国、四国、九州）が定められました。また北海道、沖縄は北海道総合開発計画、沖縄振興計画があるため、実質的な広域地方計画は10になります。

　1回目の国土形成計画（以下旧国土形成計画と呼ぶ）は2008年7月に閣議決定されました。この計画の背景として第1章に書かれたのは「本格的な人口減少社会の到来、急速な高齢化の進展」、「グローバル化の進展と東アジアの経済発展」、「情報通信技術の発達」です。そして「一極一軸型国土構造」の是正と続き、ここまでは従来の国土計画の方法と同じです。しかしその後の展開が異なります。次に書かれたのは「地域の自立的発展に向けた環境の進展、都道府県を超える広域的課題の増加」です。ここで広域ブロックの可能性、地域の国際競争力を高める潜在力、広域的な課題の増加が示され、広域ブロックを単位とする取り組みの重要性が高まっているとしています。

　そして第2章「新時代の国土構造の構築」では以下のように書かれています。少し長くなりますが重要なので引用しておきます。「広域地方計画区域等を一つの単位とする広域ブロックが、東アジアを始めと

する諸地域との交流・連携を進めつつ、その有する資源を最大限に活かした特色ある地域戦略を描くことによって、地域全体の成長力を高めていく。これによって、各ブロックが、活力ある経済と豊かさが感じられる生活環境の実現を目指し、自立的に発展する国土構造への転換を図ることとする。多様な特色を持つこれらのブロックが相互に交流・連携し、その相乗効果により活力ある国土を形成していく。このことにより、一極一軸型の国土構造の是正につなげていく」。

つまり政府として「新たな国土構造」を示すのではなく、広域ブロックが広域地方計画を作成し、それらをつなげることで新たな国土構造をつくるという考えです。東アジアとのつながりも、各ブロックごとに考えるとされました。この考えはこの全国計画に貫徹され、全国計画とはいうものの、どのような国土をつくるかは示されていません。「国土構造」に重点があるのではなく、「構築」の方法に重点があります。そのため国土計画と呼ばずに、国土形成計画としたわけです。

いうまでもなくこれは道州制を念頭に置いた計画です。大型公共事業や広域的な経済対策は道州の役割です。旧国土形成計画は、国土の形成を、従来のように国主導で進めるのではなく広域ブロック、つまり将来の道州に委ねるとした計画です。

構造改革による地方の切り捨て

地方の経済的、政治的重要性が低下したのは先にみたとおりです。そこで東京一極集中の是正、新たな国土の形成を広域ブロックに丸投げしつつ、地方向けの予算を大幅に削減しました。是非は別としてそれまでの地方経済は国土計画を頂点とした公共事業費で支えられており、それが大幅に削減されました。その上、市町村合併を強力に進めました。公共事業で建設業界の雇用吸収力が減少し、市町村合併で公務員が減ります。

もちろん財政危機を引き起こすような公共事業費の維持が望ましいとはいえません。しかしその削減と並行して地域経済の活性化、雇用の拡大を図らなければ、地域経済は崩壊します。

　構造改革は各種の規制緩和を進めました。大都市部でもさまざまな開発規制が緩和され、民間開発を進めるインセンティブがつくられました。また、公共事業費は全体として圧縮されましたが、首都圏をはじめとする大都市圏の大型公共事業には優先的に予算配分されました。

　構造改革の名の下に東京一極集中を進めた一方で、旧国土形成計画で大きく位置づけられた広域ブロックは機能せず、地方が切り捨てられたといえます。

地方の反乱と構造改革の頓挫

　このような状況下で地方の反乱が起こりました。当たり前で、このような施策を続けると地方が崩壊します。2009年7月の衆議院選挙でそれが一気に表面化しました。2005年9月の衆議院選挙（郵政解散）を除き自民党は都市部では多数をとれていませんでしたが、地方で多数の議席を確保して政権を維持してきました。ところが2009年の衆議院選挙では、岩手、秋田、福島、埼玉、山梨、新潟、長野、静岡、滋賀、長崎、大分、沖縄、12県の小選挙区をすべて落としました。この結果、民主党の308議席に対して、自民党は140議席と歴史的敗退になりました。

　都市部でも自民党は大きく議席を減らしましたが、地方の県レベルで全滅というかつてでは考えられなかった事態が生じました。この結果、自民・公明党政権から民主党を中心とした連立政権に変わり、小泉内閣以降続いてきた構造改革がいったん頓挫しました。

3　アベノミクスによる新たな国土計画

国土計画の復活

　2012年12月に第2次安倍政権が誕生しました。安倍政権ではアベノミクスを掲げ、小泉構造改革を再び進めています。ただし、国土計画、地方政策については一定の見直しがされました。2015年8月に安倍政権は2回目の国土形成計画（以下新国土形成計画と呼ぶ）を閣議決定しました。この新国土形成計画はその前年の7月に国土交通省が策定した「国土のグランドデザイン2050」を元に作成されています。そこでこの二つの計画が2008年に閣議決定された旧国土形成計画とどこが違うかをみます。

　新国土形成計画の第一章で背景を書いていますが、書かれてある内容は「急激な人口減少、少子化と、地域的な偏在の加速」「異次元の高齢化の進展」「変化する国際社会の中での競争の激化」などで、旧国土形成計画をほぼ同じです。そして、国土形成の基本的な方針として、人口が減少しても「豊かさを実感することのできる国」づくり、「人口減少下においても経済成長を続ける活力ある国」づくり、「国際社会の中で存在感を発揮する国」づくりの三つをあげています。この考え方も大きく変わりません。

　ところがこのような国づくりを進める方法が大きく異なります。旧国土形成計画では、広域ブロックで策定する広域地方計画に国土の形成を委ね、国は国土の具体的なあり方を示しませんでした。それに対して新国土形成計画では先に上げた基本方針を実現するための国土のあり方をはっきりと示しています。

コンパクト＋ネットワーク及び連携

　1章で見ましたが、まち・ひと・しごと創生長期ビジョンでは2060年に1億人の人口を確保することが目標です。目標が達成できても人口減少率は20％を超えます。この値は全国平均ですから、3章で見たとおり、地域的には40％以上の人口減少率になる県があります。1割程度の人口減少率であれば、国土や地域の再編成まで考えなくてもいいでしょう。しかし、今後数十年で人口の半減が想定されるような地域では、どうすれば人々の暮らしが維持できるのかを真剣に考えなければなりません。

　国が示した再編の方向性はコンパクト＋ネットワーク及び連携です。コンパクトとは「行政や医療・介護・福祉、商業、金融、燃料供給等生活に必要な各種サービスを一定の地域に」集約化すること。また都市部では「人口の増加に伴い、市街地が郊外に拡大してきたが、人口減少・高齢社会においては……（中略）……拡散した居住機能を誘導して集約すること」を意味します。

　ネットワークとは「各種サービス機能がコンパクトにまとまった地域と居住地域とが交通や情報通信で」つながることです。コンパクトだけでは周辺の地域が成り立ちません。そのため、コンパクトとネットワークは一体的としています。

　「一つの地域だけでは十分な機能を備えることが難しい場合は、複数の地域が連携して役割分担を行」う連携が重要としています。さらに、コンパクト＋ネットワークは階層的と説明しています。東京を中心とした国土全体を包含するコンパクトとネットワーク、地方拠点都市を中心としたコンパクトとネットワーク、コミュニティの中心地域と周辺居住地のコンパクトとネットワークのような感じです。

　要するに、人口や産業の減少が避けられないなかで、従来のように拡散するのではなく、各種機能や居住地を集約しつつ各々をネットワ

ークでつなぐということです。そうすれば人口減少とともに、税収や消費が減っても、効率的にサービスを供給することができ、暮らしを維持し、経済を発展させられるというのです。

スーパー・メガリージョンの形成

もう一つの目的は国際競争に勝ち残れる日本をつくるということです。国土のグランドデザイン2050では「都市が国際競争力を大きく左右する舞台となってきている」。「国際社会での日本の存在感を維持していくためにも、大都市の国際競争力強化が課題である」としています。この具体化がスーパー・メガリージョンです。これは「リニア中央新幹線により、三大都市圏がそれぞれの特色を発揮しつつ一体化し、世界最大のスーパー・メガリージョンが形成され、世界から人・モノ・カネ・情報を引き付け、世界を先導する」と説明されています。

要するに全国的には人口が減りますが、リニアによって東京、名古屋、大阪を結べば、今は別々の大都市圏が一体化され、「圧倒的な世界最大のスーパー・メガリージョンが形成」されます（図5-1）。その大都市圏の国際競争力で日本は国際競争に勝ち残るというわけです。

(2014年)(単位：万人)	
東京・大阪・名古屋	6,015
1　東京	3,490
2　広州	3,230
3　上海	2,940
14　ロサンゼルス	1,730
15　大阪	1,680
16　ダッカ	1,660
40　ハイデラバード	860
41　名古屋	845
42　ワシントン	820

図5-1　スーパー・メガリージョンのイメージ
出所：国土交通省「国土のグランドデザイン2050参考資料」2014年7月

全国総合開発計画との違い

20世紀の後半、政府は5回の国土計画を立案しました。内容は異なりますが、国土の均衡な発展を目標とし、政府が計画を作成し、それに関する諸制度を整えたのは共通していました。それらの国土

計画と新国土形成計画の違いは、目標を国土の均衡な発展にしなかった点です。

新国土形成計画の目標は、人口減少に伴った国土と地域の再編成、国際競争に勝てる国土形成です。前者がコンパクト＋ネットワークで、後者がスーパー・メガリージョンです。スーパー・メガリージョンの形成は東京一極集中を是認するものであり、従来の国土計画では考えられなかったものです。

この前者と後者をつなぐ考えが「対流」です。これについて「多様な個性を持つさまざまな地域が相互に連携して生じる地域間のヒト、モノ、カネ、情報の双方向の活発な流れである対流を」起こす「対流促進型国土」と書いています。そしてこの対流の頂点に立つのが「東京圏と海外との対流」です。

国土計画を通じて直接、国土の均衡な発展をめざすのではありません。国際競争に勝たなければ日本全体が沈没する。そこで東京を中心としたスーパー・メガリージョンを形成し、それによって国際競争に勝つ。そしてその成果を地方に行き渡らせる（対流）という考えです。

地方の切り捨てから地方の再編成へ

新国土形成計画の重点は、国際競争に勝つ日本の創造で、そのポイントはスーパー・メガリージョンの形成です。かつての国土計画とは異なり、大都市主義といっていいでしょう。その一方で小泉構造改革と同じように規制緩和を進め、さらにTPP（環太平洋戦略的経済連携協定）も進めようとしています。このままですと地方の崩壊は必至で、かつてと同じようにアベノミクスに反対する地方の反乱が起こるでしょう。それは防がなければなりません。

そのためアベノミクスでは地方の切り捨てではなく、地方の再編成を進めようとしています。つまり、小泉構造改革のような破壊だけで

は地方の反発が必至です。そこで切り捨てではなく再編成を前面に出したのが新国土形成計画です。

注
　国土形成計画については国土交通省のホームページを参照。
http://www.mlit.go.jp/kokudoseisaku/kokudokeikaku_fr3_000003.html
　国土のグランドデザインについても同省のホームページを参照。
http://www.mlit.go.jp/kokudoseisaku/kokudoseisaku_tk3_000043.html

6章　連携中枢都市圏の状況と特徴

　政府は人口減少に伴って、国土の再編成を進めようとしています。再編成のキーワードはコンパクトとネットワーク、それを進める中心が連携中枢都市圏です。6章では連携中枢都市圏の目的をみた上で、すでに動き出している連携中枢都市圏の状況と特徴をみます。

1　地方中心都市の人口減少

過疎・過密の新たな展開

　5章でみましたが、過疎・過密の解消を目標とした国土計画はその目標を達成できませんでした。その上、21世紀に入って全国的に人口が減り始めたため、過疎・過密の様相が変化しています。まずこの点をみます。

　59頁の表5-1をもう一度みてください。1998年までは三大都市圏外も人口が増えています。ところが1998年から2008年の10年間では、三大都市圏は271万人の人口増ですが、三大都市圏外は110万人の人口減になっています。さらに2015年までの変化をみますと、三大都市圏は68万人の人口増ですが、三大都市圏外は165万人の人口減です。三大都市圏外の人口減を年間に直しますと、1998年から2008年は年間平均11万人の減少、2008年から2015年は23万人の減少となります。

　21世紀に入って全国的に人口が減り始めたにもかかわらず、東京一極集中が止まらないため、三大都市圏外は全体として人口減少になり、その勢いが加速しています。21世紀に入って過疎化は新たな段階を迎

えたといっていいでしょう。

地方中心都市で人口が減り始める

　過疎化の新たな段階をもう少し詳しくみます。表6-1は秋田県の人口変化をみたものです。1995年と2000年をみますと、秋田県全体で2.1%の人口が減っています。しかし、まんべんなく減っているのではありません。秋田市は同じ期間に1.9%人口が増え、秋田市以外では3.4%人口が減っています。秋田市は秋田県の県庁所在地で、地方中心都市です。秋田県全体で人口が減少しても県庁所在地では人口が増えていました。

　2010年と2015年をみますと、秋田県全体で5.8%の人口減少となり、人口減少幅が大きくなっています。そして、秋田市も2.8%の人口減となっています。

　全国的にみても同じ傾向です。三大都市圏を除くと34道県あります。県庁所在地の人口変化をみますと、1995年から2000年で人口が減少した市は8市です。それが2010年から2015年では18市に増えています。

　20世紀は三大都市圏外でも人口が増えていましたが、一様に増えていたわけではありません。農山村では人口が減っていましたが、県庁所在地などは人口が増えていました。21世紀に入り、三大都市圏外は人口減少になりました。農山村は引き続き人口減ですが、20世紀では人口増であった県庁所在地の半数以上が人口減になっています。

表6-1　秋田県の人口変化（千人）

	1995	2000	増加率	2010	2015	増加率
秋田市	312	318	1.90%	324	315	-2.80%
秋田市以外	902	871	-3.40%	762	708	-7.10%
秋田県	1,214	1,189	-2.10%	1,086	1,023	-5.80%

出所：筆者作成

地方中心都市は地方の過疎化が進む中で、地方経済や地方の暮らしを支える拠点でした。地方の農山村がかろうじて存続できていたのは地方中心都市が存続していたからです。ところがこの拠点で人口が減り始めました。このような地方の拠点は地方から首都圏へ人々の移動を食い止めるダムと呼ばれていました。このダムに穴が開き始めたといえます。

2 連携中枢都市圏の目的と進捗状況

連携中枢都市圏の目的

このような地方中心都市の人口減少は、地方全体の崩壊を招きます。総務省はその対策として「地方中枢拠点都市圏」をスタートさせ、国土交通省は「高次地方都市連合」、経済産業省は「都市雇用圏」を始めました。これらは内容的に重複しており、地方創生の中で連携中枢都市圏に整理されました。

連携中枢都市圏の目的は「地域において、相当の規模と中核性を備える圏域の中心都市が近隣の市町村と連携し、コンパクトとネットワーク化により……(中略)……、人口減少・少子高齢化社会においても一定の圏域人口を有し活力ある地域社会を維持するための拠点を形成すること」としています。

そのために連携中枢都市圏が行うことは、①圏域全体の経済成長のりん引、②高次の都市機能の集積・強化、③圏域全体の生活関連機能サービスの向上です。

地方中心都市も含め、今後は全体として人口が減少します。そこで地方中心都市と周辺市町村が連携して、経済対策と生活サービスの提供を効率的に進めよう。また、自治体単位では人口が減ってもネットワークを整備すれば圏域全体では人口が確保でき、一定規模の医療、

教育、商業施設なども立地できるだろうということです。

連携中枢都市圏の対象と進め方

　連携中枢都市圏は、連携中枢都市と連携市町村で構成されます。連携中枢都市は以下の条件を満たさなければなりません。①指定都市または中核市、②夜間人口よりも昼間人口が多い、③三大都市圏外、ただし一定の条件を満たせば三大都市圏内でも可。

　この結果、連携中枢都市の要件に該当する市は全国で61になります（図6-1）。

　連携中枢都市圏の形成は以下のように進めます。

①連携中枢都市宣言

　まず連携中枢都市の要件を満たす市が、連携中枢都市宣言を行います。これはその都市が「近隣の市町村との連携に基づいて、圏域全体の将来像を描き、圏域全体の経済をけん引し圏域の住民全体の暮らしを支えるという」意思表明です。

②連携協約

　連携協約は、連携中枢都市宣言を行った市と周辺の市町村が、各々の議会の議決を経て締結します。この連携協約は地方自治法に基づいたものです。

　連携協約では、圏域全体の経済成長のけん引、高次の都市機能の集積・強化、圏域全体の生活関連機能サービスの向上について、取り組み内容、役割を決めます。

　この連携協約は、連携中枢都市と連携市町村が個別に締結します。そのため、連携市町村が五つあれば、連携協約は五つできます。また同じ連携中枢都市圏であっても、連携協約の内容は異なります。

③連携中枢都市ビジョン

　連携協約を締結した連携中枢都市と連携市町村が、連携協約に基づ

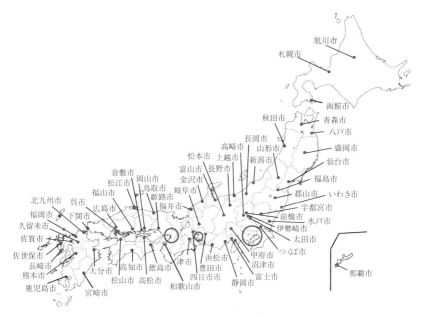

図6-1　連携中枢都市の要件に該当する市

出所：総務省「連携中枢都市圏構想の推進」

いて進める具体的な取り組みを示したものです。記載するのは、具体的内容、スケジュール、事業費等です。このビジョンは原則として5カ年計画です。また、4章で見た総合戦略と同じようにKPIを設定します。

進捗状況

　連携中枢都市圏の取り組みは2014年度からスタートしています。2014年度は9カ所でモデル事業を進めました。9市は盛岡市、姫路市、倉敷市、広島市、福山市、下関市、北九州市、熊本市、宮崎市です。それら9市も含めた進捗状況は表6-2の通りです。

　すでに連携中枢都市ビジョンを策定したのが13圏域（宮崎市、姫

表6-2 連携中枢都市圏の進捗状況（2016年3月末時点）

連携中枢都市	連携中枢都市宣言	連携協約	都市ビジョン
宮崎市 （モデル都市）	2014年12月	2015年3月	2015年4月 「みやざき共創都市圏ビジョン」
姫路市 （モデル都市）	2015年2月	2015年3月	2015年4月 「播磨圏域連携中枢都市圏ビジョン」
倉敷市 （モデル都市）	2015年2月	2015年2月	2015年3月 2016年3月改訂 「高梁川流域圏成長戦略ビジョン」
福山市 （モデル都市）	2015年2月	2015年3月	2015年2月 「びんご圏域ビジョン」
熊本市 （モデル都市）	2015年6月	2016年3月	2016年3月 「熊本連携中枢都市圏ビジョン」
下関市 （モデル都市）	2015年9月	2015年12月	2016年3月 「下関市連携中枢都市圏ビジョン」
高松市	2015年9月	2016年2月	2016年3月 「瀬戸・高松広域連携中枢都市圏ビジョン」
盛岡市 （モデル都市）	2015年10月	2016年1月	2016年3月 「みちのく盛岡広域連携都市圏ビジョン」
久留米市	2015年11月	2016年2月	2016年2月 「久留米広域連携中枢都市圏ビジョン」
北九州市 （モデル都市）	2015年12月	未	
金沢市	2015年12月	2016年3月	2016年3月 「石川中央都市圏ビジョン」
大分市	2015年12月	2016年3月	2016年3月 「大分都市広域圏ビジョン」
広島市 （モデル都市）	2016年2月	2016年3月	2016年3月改訂 「広島広域都市圏発展ビジョン」
長野市	2016年2月	2016年3月	2016年3月 「長野地域スクラムビジョン」
静岡市	2016年3月	未	

注　下関市は1市で連携中枢都市圏を形成している。そのため連携協定の締結ではなく、下関市連圏域人口は各々の都市ビジョンに書かれた値。
出所：筆者作成

6章 連携中枢都市圏の状況と特徴

連携市町村	圏域人口
国富町、綾町（2町）	42万8716人 （宮崎市：40万583人）
相生市、加古川市、高砂市、加西市、宍粟市、たつの市、稲美町、播磨町、市川市、福崎町、神河町、太子町、上郡町、佐用町（6市8町）	127万6670人 （姫路市：53万6270人）
新見市、高梁市、総社市、早島町、矢掛市、井原市、浅口市、里庄町、笠岡市（6市2町）	78万3035人 （倉敷市：47万5513人）
三原市、尾道市、府中市、世羅町、神石高原町、笠岡市、井原市（5市2町）	87万5682人 （福山市：46万1357人）
宇土市、宇城市、阿蘇市、合志市、美里町、玉東町、大津町、菊陽町、高森町、西原村、南阿蘇村、御船町、嘉島町、益城町、甲佐町、山都町（4市10町2村）	111万6317人 （熊本市：73万4474人）
	（下関市：30万1097人）
さぬき市、東かがわ市、土佐町、小豆島町、三木町、直島町、綾川町（2市5町）	59万3743人 （高松市：41万9429人）
八幡平市、滝沢市、雫石町、葛巻町、岩手町、柴波町、矢巾町（3市4町）	48万1699人 （盛岡市：29万8348人）
大川市、小郡市、うきは市、大刀洗町、大木町（3市2町）	45万9823人 （久留米市：30万2402人）
白山市、かほく市、野々市市、津幡町、内灘町（3市2町）	72万3223人 （金沢市：46万2361人）
別府市、臼杵市、津久見市、竹田市、豊後大野市、由布市、日出町（6市1町）	78万7663人 （大分市：47万4094人）
呉市、竹原市、三原市、大竹市、東広島市、廿日市市、安芸高田市、江田島市、府中町、海田町、熊野町、坂町、安芸太田町、北広島町、大崎上島町、世羅町、岩国市、柳井市、周防大島町、和木町、上関市、田布施町、平生町（10市13町）	234万1287人 （広島市：117万3843人）
須坂市、千曲市、坂城町、小布施町、高山村、信濃町、小川村、飯綱町（2市4町2村）	55万4256人 （長野市：38万1511人）

携中枢都市圏形成方針を定めた時期である。

路市、倉敷市、福山市、熊本市、下関市、高松市、盛岡市、久留米市、金沢市、大分市、広島市、長野市)、それ以外に連携中枢都市宣言をしているのが2市(北九州市、静岡市)です。また、国の補助金で連携中枢都市圏の検討を行っているのが8市あります(八戸市、山形市、郡山市、新潟市、岐阜市、岡山市、松山市、長崎市)。

3 政府が示した連携中枢都市圏の取り組みと内容

圏域全体の経済成長のけん引

　連携中枢都市圏の取り組みとして政府が示したのは三つあります。それを順番にみます。まず最初は、圏域全体の経済成長のけん引です。

　これについては四つの内容が示されています。一つめは、「産学金官民一体となった経済戦略の策定、国の成長戦略実施のための体制整備」です。例示されている具体的内容は、県域内の経済戦略の策定やフォローアップのための協議会の立ち上げ、圏域内としてめざすべきイノベーションの方向性の確定等です。

　二つめは、「産業クラスターの形成、イノベーションの実現、新規創業促進、地域の中堅企業等を核とした成長産業の育成」です。例示されている具体的内容は、新素材、新技術に関する講座の開設、起業に向けたセミナー開催。新技術、新製品開発のための中小企業支援等です。

　三つめは、「地域資源を活用した地域経済の裾野拡大」です。例示されている具体的内容は、地域資源を活用した商品、サービスの開発、販路開拓の推進。六次産業化に向けた設備投資の支援等です。

　四つめは、「戦略的な観光施策」です。例示されている具体的内容は、外国人観光客の誘致活動。圏域外の観光客を見込んだ大規模イベントの開催等です。

高次の都市機能の集積・強化

次の取り組みは「高次の都市機能の集積・強化」です。これについては三つの内容が示されています。一つめは、「高度な医療サービスの提供」です。例示されている具体的内容は、圏域内の重篤な緊急患者に対する三次救急医療、先進的がん医療など高度な医療サービス提供に向けた設備整備の支援等です。

二つめは、「高度な中心拠点の整備・広域的公共交通網の構築」です。例示されている具体的内容は、圏域内外へのアクセス拠点の整備に向けた調査や構想の策定、圏域の中心部と空港との間の直結線の整備に向けた検討等です。

三つめは、「高等教育・研究開発の環境整備」です。例示されている具体的内容は、大学、専門学校等における圏域内での高度専門的な研究開発人材の育成。圏域内企業等のニーズに応じた人材育成等です。

圏域全体の経済成長のけん引と高次の都市機能の集積・強化は、連携中枢都市が中心となって実施しますが、連携市町村もその便益を共有できるようにすべきであるとしています。

圏域全体の生活関連機能サービスの向上

最後に示した取り組みは「圏域全体の生活関連機能サービスの向上」です。これはさらに「生活機能の強化に係わる政策分野」「結びつきやネットワークの強化に係わる政策分野」「圏域マネジメント能力の強化に係わる政策分野」に分かれます。最初の「生活機能の強化に係わる政策分野」では、地域医療、介護、福祉、教育・文化・スポーツ、土地利用、地域振興、災害対策、環境の八つの内容が示されています。各々について具体的内容が示されており、たとえば、介護ですと他市町村における地域密着型サービスの利用支援。土地利用では地域全体の土地利用のあり方に関する連携、環境では圏域全体でのごみ減量な

どです。

「結びつきやネットワークの強化に係わる政策分野」では、地域公共交通、ICT（情報通信技術）インフラ整備、道路等の交通インフラの整備・維持、地域の生産者や消費者等の連携による地産地消、地域内外の住民との交流・移住促進の五つの内容が示されています。各々について具体的内容が示されており、たとえば、地域公共交通ですと民間バス路線の再編等の支援、コミュニティバス、デマンドタクシー等、地域公共交通ネットワーク形成に向けた連携。ICTインフラ整備ではICTを活用した遠隔医療や遠隔教育等に向けた連携などです。

「圏域マネジメント能力の強化に係わる政策分野」では、人材の育成、

表6-3　連携中枢都市ビジョンで示された取り組み

取り組み政策分野 内容	圏域全体の経済成長のけん引					高次の都市機能の集積・強化				生活機能				
	経済戦略の策定	成長産業の育成	地域経済の裾野拡大	戦略的な観光施策	その他	医療サービス	中心拠点の整備	高等教育・研究開発	その他	地域医療	介護	福祉	教育文化	土地利用
宮崎市	○	○	○	○	物流体制の整備			○		○	○	○	○	○
姫路市	○	○	○	○		○	○			○		○	○	
倉敷市	○	○	○	○	就業機会の拡大		○	○		○		○	○	○
福山市	○		○	○		○				○		○		
熊本市		○			物流機能の強化									
下関市	○	○	○	○		○	○	○	○	○				
高松市	○	○	○											
盛岡市	○	○	○											
久留米市	○	○	○											
金沢市	○	○	○				○							
大分市							○							
広島市	○			○	若者の雇用促進	○				○		○	○	
長野市		○	○		地元への就職支援		○			○		○	○	○
圏域数	11	12	13	11		8	9	9		12	8	12	11	3

出所：筆者作成

外部からの行政及び民間人材の確保、圏域内市町村の職員等の交流の三つの内容が示されています。

　この取り組みは、先の二つとは異なり、連携中枢都市と連携市町村の連携を進める内容になっています。

4　連携中枢都市ビジョンの内容

13連携中枢都市ビジョンに書かれた内容

　表6-3はすでに策定された13の連携中枢都市圏ビジョンの内容を整理したものです。国が要綱で示した「三つの取り組み」(圏域全体の

の強化				圏域全体の生活関連機能サービスの向上 ネットワーク強化						圏域マネジメント能力強化			
地域振興	災害対策	環境	その他	公共交通	ICT	インフラ	地産地消	交流・移住促進	その他	人材育成	人材確保	職員交流	その他
○	○	○	空き家対策	○		○		○		○			
○	○	○		○		○		○		○			
○	○	○						○		○			
		○	健康づくり					○		○			
○			消費者行政、公共下水道の相互利用	○	○			○		○			機関の共同設置
	○	○		○	○	○		○		○			○
○	○	○		○		○	○	○		○			
○	○		消費者行政					○		○			国保広域化
○				○				○		○			
	○	○						○		○			
		○		○				○		○			
○	○		消費者行政	○	○			○		○			行政事務の効率化
○		○	消費者行政				○	○	広報誌の連携	○			
9	9	11		8	5	7	5	13		11	0	0	

経済成長のけん引、高次の都市機能の集積・強化、圏域全体の生活関連機能サービスの向上)、「三つの政策分野」(生活機能の強化に係わる政策分野、結びつきやネットワークの強化に係わる政策分野、圏域マネジメント能力の強化に係わる政策分野)、及び「内容」に基づいて整理しました。ビジョンに「内容」が書かれている項目に「○」をつけています。ただし、「内容」は書かれていても、事業費が書かれていないものには○をつけていません。また、要綱で示された内容、具体的内容と同じタイトルをつけているビジョンもありますが、そうでないビジョンもあります。その場合、要綱で示された具体的内容を参考に、各々のビジョンで書かれた内容を振り分けています。そのため、各々のビジョンに書かれたタイトルと○が一致しない場合もあります。

　すべてのビジョンに内容が書かれていた項目は「地域経済の裾野拡大」「交流・移住促進」です。12の圏域で書かれていたのは「成長産業の育成」「地域医療」「福祉」、10以上の圏域で書かれていたのは「経済戦略の策定」「戦略的な観光施策」「教育文化」「環境」「人材育成」です。反対にゼロだったのは「人材確保」、「職員交流」、3だったのは「土地利用」です。

「圏域全体の経済成長のけん引」の具体的内容

　この取り組みは、ほぼすべてのビジョンで具体的内容が書かれていました。要綱でも書かれていますが、基本的には連携中枢都市が実施し、連携市町村が協力する内容になっています。そのため、多くの具体的内容で、連携市町村は協力、参加、地元市民に周知するとなっていました。たとえば連携中枢都市がセミナーを開催し、連携市町村が地元企業等に周知するという感じです。

　連携という面からみて、具体的内容が数多く書かれていたのは「戦略的な観光施策」です。もともと観光を重視していた都市が多かった

こと、比較的連携しやすいという面もあると思います。なかでも圏域内観光資源のルート化を掲げたビジョンが多くありました。また、圏域全体の観光スポットを集約した情報発信サイトを作成（広島）、連携中枢都市のホームページで圏域全体の観光情報を発信（高松）など、情報発信で連携する具体的内容も多くみられました。

「地域経済の裾野拡大」も具体的内容が多く書かれていました。もともと多くの市が取り組んできた施策であり、これも比較的連携しやすいからでしょう。農産物の地域ブランドを確立する（姫路）というのもありましたが、連携中枢都市が作成している農産物のウエブサイトを連携市町村も活用できるようにする（熊本）、首都圏内に圏域の情報受発信拠点となるアンテナショップを開設する（久留米）、物産展の共同開催（久留米）など情報の発信についての連携が多く見られました。

「高次の都市機能の集積・強化」の具体的内容

この取り組みに係わる具体的内容は少なく、連携という点ではほとんど書かれていません。数少ないなかで、鉄道系ICカードで圏域内公共交通を利用でき、サービス水準を向上させる（高松）というのがありました。コミュニティバスも含めているため、なかなか興味深い取り組みです。

「生活機能の強化」の具体的内容

次は「生活機能の強化」です。連携という点で多くの具体的内容が書かれていたのは「福祉」です。保育については、病児・病後児保育の相互利用（熊本、久留米、広島、長野）、ファミリーサポートの相互利用（宮崎、高松、久留米）、子育て支援センターの相互利用（宮崎、久留米）、一時預かりの相互利用（久留米、長野）等があります。また、連携中枢都市が実施するDV事業（倉敷、熊本、盛岡）、発達支援事業

(久留米)、障害者自立支援事業（宮崎）を連携市町村も利用できるようにする。子ども発達支援センターの共同運営（福山）、障害者地域移行支援事業の広域実施（長野）、さらに障害支援区分等審査会業務を連携中枢都市が実施、共同運営（宮崎、高松）等もありました。

「教育文化」にもさまざまな連携が書かれていました。たとえば、図書館の相互利用（姫路、倉敷、熊本）、博物館利用条件の統一（姫路）、郷土資料デジタルアーカイブの共同構築（姫路）、連携中枢都市の移動図書館巡回範囲を連携市町村に拡大（高松）等です。

「地域振興」に書かれた連携は、合同の企業説明会（姫路、盛岡、久留米）、連携中枢都市が実施する就農希望者に対する研修会を連携市町村も活用できる（熊本）、連携中枢都市の企業立地ウエブサイトに連携市町村のサイトをリンクさせる（熊本）等です。

「環境」には、公共下水道の相互利用（熊本）、ゴミ焼却施設の集約（盛岡）、一般廃棄物・屎尿処理業務を連携中枢都市に委託（高松）等がありました。

「ネットワーク強化」の具体的内容

この政策分野は、「交流・移住促進」を除くと、あまり多く書かれていません。連携中枢都市の結婚相談所の対象を連携市町村に拡大（倉敷）、橋梁の長寿命化に係わる点検・修繕を共同で取り組む（高松）などを除けば、各市町村の広報誌でお互いのイベント情報などを掲載する（長野）、地図情報の共同利用（広島）、町内会ポータルサイトの構築（広島）、圏域内公共交通マップの作成（久留米）、移住・定住に関する情報の集約と発信（姫路、長野）など、情報発信に関するものが大半です。住民票の相互交付（金沢）もありました。

「圏域マネジメント能力強化」の具体的内容

この政策分野で具体的内容が書かれているのは、「人材育成」です。ただし、連携中枢都市が開催する職員研修に連携市町村の職員が参加する（倉敷、熊本、高松、長野）、職員研修の共同実施（姫路、久留米）が中心的内容です。

5　連携中枢都市圏の特徴

連携中枢都市ビジョンの枠組みは国に準拠

さて、以上を踏まえ連携中枢都市圏の特徴をまとめておきます。要綱には「連携する取組は、地域の実情に応じて柔軟に定めうるものであるが、圏域全体の経済をけん引し圏域の住民全体の暮らしを支えるという観点から、ア圏域全体の経済成長のけん引、イ高次の都市機能の集積・強化、ウ圏域全体の生活関連機能サービスの向上、の三つの役割を果たすことが必要である」と明記されています。

その結果、宮崎市を除く12ビジョンは国が要綱で示した構成で作成されています。ただし、宮崎市も連携協約は国の要綱に沿って作成されています。

4章でみた総合戦略も同じですが、地方創生とはいうものの、その計画は国が示した内容を、各地域で具体化したものになっています。連携中枢都市圏ですと、三つの取り組み分野、三つの政策分野、その分野に含まれる内容まで要綱で示されたため、すでに作成された13ビジョンの構成はほとんど同じです。

従来施策の延長が多く、新たな連携は弱い

連携中枢都市圏に期待される一つは、圏域全体の経済成長のけん引です。ただこれは連携中枢都市が主導的に進めるものです。そのため、

連携市町村の役割は、協力するという書き方が多く、新たな連携が進むとは思えません。戦略的な観光施策、地域経済の裾野拡大では、いくつかの連携が計画されています。しかし、観光については従来から地域全体で取り組まれており、また連携の内容は情報発信が中心です。

　もう一つの、高次の都市機能の集積・強化も連携中枢都市が主導的に進めるもので、新たな連携はほとんどみられません。

　最後の圏域全体の生活関連機能サービスの向上ではいくつかの連携が計画されています。ただしその多くは、保育、図書館等の相互利用です。また、交流・移住促進でも連携がみられますが、大半は情報の発信などに関する連携です。地域医療に関する連携も書かれていますが、これは従来から取り組まれてきたものです。生活関連サービスを大きく向上させるような連携は見られません。土地利用について書いたのは3圏域、内容は航空写真撮影を共同で実施（倉敷）、耕作放棄地対策・調査事業（宮崎、長野）です。重要なことですが、要綱で示された「都市空間の再編成」とはほど遠い内容です。職員研修の相互参加、連携中枢都市が実施する研修に参加をあげたビジョンはありましたが、人事交流を掲げたビジョンはありませんでした。ただし、住民票の相互交付、一般廃棄物・屎尿処理業務を連携中枢都市に委託、障害支援区分等審査会業務を連携中枢都市が実施等もありました。地域の実情、県との役割分担なども含めて、今後の進捗状況を注視すべきです。

連携中枢都市と連携市町村の温度差

　連携中枢都市圏は、連携中枢都市と連携市町村で構成されます。両者がどのように連携中枢都市圏を捉えているのか、最も早くビジョンを策定した市の一つである福山市を例に取ります。

　福山市が所属する連携中枢都市圏は2015年3月に都市ビジョンを作

成しています。その年の10月に福山市は総合戦略を策定しています。福山市の総合戦略は広域編と福山市編に分かれ、前者が1〜4章、後者が5、6章です。広域編の内容は連携中枢都市ビジョンで、分量的にみても福山市編は付け足しです。総合戦略の「はじめに」では、びんご圏域ビジョンを実現するために、福山市総合戦略を策定したと書かれています。連携中枢都市圏を進めることで福山市の活性化を図ろうとする福山市の考え方は明確です。

連携市町村の三原市も2015年10月に総合戦略を策定しています。その総合戦略には100の事業が並んでいますが、そのうちの一つ「広域連携の推進」の一項目として連携中枢都市圏が書かれているだけです。ちなみに三原市は広島市が連携中枢都市になっている連携中枢都市圏の連携市でもあります。

尾道市も2015年10月に総合戦略を策定しています。冒頭で、国、県の総合戦略と整合性を図りつつ、広域的な連携（びんご圏域連携中枢都市圏、広島臨空広域都市圏、瀬戸内しまなみ海道振興協議会等）を進めるとは書かれていますが、連携中枢都市圏は広域連携の一つであり、具体的な施策には全く登場しません。

笠岡市は2015年8月に総合戦略を策定しています。福山市は広島県ですが、連携市である笠岡市、井原市は岡山県です。また、両市とも倉敷市が連携中枢都市になっている連携中枢都市圏の連携市でもあります。笠岡市総合戦略では、観光戦略で広域的な連携（井笠圏、高梁川流域、備後圏）を書いています。また広域連携のところで井笠圏域、高梁川流域圏、備後圏域でも連携を推進すると書かれていますが、それ以外では触れていません。

神石高原町は2015年10月に総合戦略を策定しています。ここでは最初に「備後圏連携中枢都市圏を構成する市町との緊密な連携の元に地方創生に取り組みます」と書かれ、いくつかの具体的な施策でも連

携中枢都市圏について触れています。

　全体的にみますと連携中枢都市の福山市は連携中枢都市圏を地方創生の中心においていますが、連携市町村はそのような位置づけになっていません。複数の市が別の連携中枢都市圏にも所属し、総合戦略でも連携中枢都市圏はほとんど位置づけられていません。町レベルでは連携中枢都市圏をある程度位置づけていますが、連携中枢都市に比べると位置づけは小さいといえます。

　注
　　連携中枢都市圏に係わる政府文章で重要ものは下記の通りです。
・総務省「連携中枢都市圏構想推進要綱」2014年8月制定、2015年1月一部改正。
・総務省「連携中枢都市圏構想の推進」2015年3月。

7章　立地適正化計画の状況と特徴

　コンパクトとネットワークをハード面（土地利用）から進めようとするのが立地適正化計画です。7章では、立地適正化計画の概要と特徴を紹介します。最初に策定したのは大阪府箕面市で、内容的にも参考になります。その箕面市の計画をみた上で、立地適正化計画の特徴を考えます。

1　立地適正化計画の概要

人口減少に伴う市街地の計画的縮小

　国土再編成のキーワードは、コンパクト＋ネットワークです。6章でみた連携中枢都市圏は、地方中心都市を核として地域の経済成長を進めると同時に、人口が減少しても暮らしを維持するために市町村間で政策的連携を進めようとするものです。

　たとえば、X、Y、Zの3市があり、各々ABCabcdeの8施策を展開していたとします。市町村合併はY市にすべて集約する方法です。それに対して連携はX、Y、Zの各市は残します。しかしX、Z市はABCの施策をやめ、Y市の施策を使わしてもらい、自ら提供するのはabcdeに限定します。人口が減ると財源も減り、従来通りの施策を展開するのが難しくなるからです。

　その一方でもう一つ解決しなければならない問題があります。合併や連携を進めるとコストの削減は可能です。たとえばX、Y、Zの各市に介護の必要な高齢者が12名、48名、10名いたとします。一人の職員が担当可能な高齢者が10名だとすると、必要な職員数はX市2名、

Y市5名、Z市1名で、合計8名です。この施策を統合すると高齢者は70名で、必要な職員は7名になります。統合によって理屈の上では職員の削減が可能です。しかし実際はそのように単純には進みません。たとえば高齢者を訪問する場合、統合すると事務所から訪問先までが遠くなり、効率性が低下するからです。

このような問題を解決するためには、分散している市民がまとまって住む必要があります。行政サービスを展開する場合、市民が分散して暮らしているよりも、まとまって暮らした方が効率性という点では有利です。

一般的には人口密度と行政コストは関係が強いといわれており、人口密度が低いほど一人あたり行政コストが大きくなります。

人口が増える時代は市街地が拡大しました。人口が減る時代は、市街地を縮小させようという考えです。人口が減少しても人々が今と同じ場所で暮らせば、効率性は低下します。そこで人口減少とともに市街地を縮小させることができれば、効率性が維持できるというわけです。

都市再生特別措置法の改正

このような考えを実際に進めるため、2014年に都市再生特別措置法が改正され、立地適正化計画が加わりました。立地適正化計画は人口や産業の減少にともない、市街地を縮小させ、施設立地を都心部に誘導し、適切な人口密度や効率的な施設配置を実現しようとするものです。たとえば、人口が3分の2に減れば、市街地も3分の2に縮めるという感じです。

この立地適正化計画を策定するのは市町村です。ただし、複数の市町村が連携して立地適正化計画を作成することもできます。

立地適正化計画は誘導するものです。そのため、20年ぐらいの長期

的な展望で進めるべきとしています。また、空間的な側面だけでなく、「将来の人口の見通しとそれを踏まえた財政の見通しを立て、都市構造と財政支出の関係を精査することが望ましい」としています。

居住誘導区域

　立地適正化計画の区域は都市計画区域と一致させるとなっています。その上で、居住誘導区域と都市機能誘導区域を定めます。この二つの区域が立地適正化計画の柱で、立地適正化計画の中では必ず設定しなければなりません（図7-1）。

　居住誘導区域は「人口減少の中にあっても一定エリアにおいて人口密度を維持することにより、生活サービスやコミュニティが持続的に確保されるよう、居住を誘導すべき区域」です。市街化区域全域を居住誘導区域にするのではなく、市街化区域の一部にしなければなりません。具体的には下記の3地域が示されています。都市機能や居住が集積している都市の中心拠点及び生活拠点並びにその周辺区域。都市の中心拠点及び生活拠点に公共交通により比較的容易にアクセスすることができる区域。合併前の旧町村の中心部などの区域。

　反対に、居住誘導区域に含めないもしくは含めないようにする区域は、市街化調整区域、自然災害で被災する可能性が高い区域、工業専用地域など居住にふさわしくない区域などです。居住誘導区域は市街化区域の一部になるため、長期的には市街地が現在の市街化区域より狭くなります。

　居住誘導区域を定めたら、居住を誘導するための施策を定めます。たとえば居住誘導区域外から居住誘導区域に転居する際の優遇措置等です。この立地適正化は強制的に移住させるものではなく、あくまでも誘導が基本です。

　居住誘導区域は市街化区域内に設定します。そのため、市街化区域

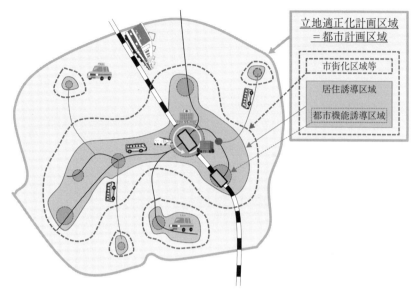

図7-1　立地適正化計画の区域指定
出所：国土交通省「改正都市再生特別措置法について」2015年3月

内であるが、居住誘導区域外という区域が生まれます。本書ではこの地域を居住誘導区域外と呼びますが、イメージ的には市街化調整区域と居住誘導区域の中間です。市街化調整区域は原則として開発ができませんし、一定規模以上の開発をする場合は許可が必要です。それに対して、居住誘導区域外では一定規模以上の開発をする場合、届出が必要になります。その届出を受けた市町村は、規模の縮小や居住誘導区域内で開発するように調整することができます。その調整が不調に終わった場合、勧告をすることができ、必要な場合は居住誘導区域内の土地収得についてあっせん等を行うように努めなければなりません。つまり居住誘導区域外は市街化調整区域ほど厳しくありませんが、開発について若干の制約がかかります。

都市機能誘導区域

　都市機能誘導区域は「医療、福祉、商業等の都市機能を都市の中心拠点や生活拠点に誘導し集約することにより、これらの各種サービスの効率的な提供を図る区域」です。この都市機能誘導区域は居住誘導区域内に設定しなければなりません。

　都市機能誘導区域は、市町村の主要な中心部、合併前旧町村の中心部、歴史的に集落の拠点としての役割を担ってきた生活拠点等を想定しています。また徒歩や自転車などにより容易に移動できる程度の範囲が望ましいとされています。

　都市機能誘導区域を設定したら、誘導施設を決めなければなりません。「誘導施設とは、都市機能誘導区域ごとに、立地を誘導すべき都市機能増進施設」です。具体的には、病院、高齢者施設、保育所、図書館、スーパーマーケット、市役所支所などです。

　その上で、誘導施設の立地を誘導するための施策を定めます。たとえば、税制上の特例措置、運営費用の支援措置、誘導施設に対する容積率の緩和、市町村が保有する不動産の有効活用施策などです。

　誘導施設を都市機能誘導区域外に建設等する場合、居住誘導区域と同じように、事前に届け出なければなりません。届出を受けた市町村は、調整を行い、勧告することができます。

2　立地適正化計画の状況

立地適正化計画の取り組み状況

　国土交通省の資料によりますと2015年12月末時点で立地適正化計画の作成について、具体的な取り組みを行っている市町村は220です。

　すでに立地適正化計画を策定した市町村は、大阪府箕面市（2016年2月）、札幌市（2016年3月）、熊本市（2016年3月）の3市です（表

表7-1 立地適正化計画の策定状況

	目標年	面積(ha)	人口(2015)	人口(2035)	人口増加率
箕 面 市	2035	4,790	135,063人	139,942人	103.6
札 幌 市	2035	112,126	1,941,078	1,880,000	96.9
熊 本 市	2025	39,032	740,244	704,214	95.1
毛呂山町	2035	3,407	37,529	30,814	82.1
弘 前 市	2035	52,420	177,312	150,353	84.8
花 巻 市	2035	90,832	98,839	80,119	81.1
藤 沢 市	2036	6,957	422,062	427,824	101.4

出所：筆者作成

7-1)。2016年3月時点でパブリックコメントを実施した市町村は、埼玉県毛呂山町（2016年2月）、青森県弘前市（2016年3月）、岩手県花巻市（2016年3月）、神奈川県藤沢市（2016年3月）の4市です。

　7市の人口規模は、最大が札幌市の194万1078人、最小は毛呂山町の3万7529人です。2015年から2035年までの人口減少率ですが、人口増と想定しているのが2市、人口減の想定が5市です。政府は立地適正化計画の目標年は20年先としています。7市の内、熊本市以外の6市は計画期間を20年にしています。

表7-2 区域指定の状況

	市域面積(①)(ha)	市街化区域		居住誘導区域		
		(②)(ha)	割合(②/①)	(③)(ha)	割合(③/①)	(③/②)
箕 面 市	4,790	1,985	41.4	1,680	35.1	84.6
札 幌 市	112,126	25,017	22.3	5,833	5.2	23.3
熊 本 市	39,032	10,795	27.7	5,904	15.1	54.7
毛呂山町	3,407	363	10.7	344	10.1	94.8
弘 前 市	52,420	2,830	5.4	未設定		
花 巻 市	90,832	2,246	2.5	600	0.7	26.7

注　花巻市の市街化区域面積は用途地域が指定されている区域の面積。
出所：筆者作成

居住誘導区域の指定状況

　藤沢市は居住誘導区域、都市機能誘導区域の面積が分からないため、藤沢市を除いた 6 市の区域面積をみます（表 7 - 2）。

　居住誘導区域は市街化区域面積に対する割合が重要です。それをみたのが表 7 - 2 の（③/②）欄です。毛呂山町は 94.8% ですから市街化区域のほぼすべてが居住誘導区域です。また、箕面市も 84.6% でかなり高い数値です。毛呂山町の場合、市街化区域内にある土砂災害警戒区域、規模の大きい墓苑、崖地等、居住に適さない区域を除いた全域を居住誘導区域に指定しています。

　それに対して熊本市は 54.7% で市街化区域のほぼ半分、札幌市、花巻市は 20% 台です。熊本市の場合、都市機能誘導区域もしくは公共交通沿線（鉄軌道の両側 500 メートル、運行本数 75 本以上のバス路線の両側 300 メートル）で、市街化調整区域、工業地域、災害リスクの高い地域を除いて指定しています。札幌市の場合、マスタープランで複合型高度利用市街地（都心部、地下鉄沿線、JR 駅周辺など、利便性が高く、集合型の住宅が集積する地区）に指定した地域を居住誘導区域にしています。また、花巻市は区画整理を実施した区域、鉄道の駅から 800～1000 メートル以内の区域で土砂災害の危険区域に入っていな

都市機能誘導区域				
（④）(ha)	割合（④/①）	（④/②）	（④/③）	箇所数
不明				4
1,010	0.9	4	17.3	都心 1、地区 17
3,146	8.1	29.1	53.3	都心 1、地区 15
不明				
623.7	1.2	22		中心 1、地区 11
不明				1

い区域を指定しています。

都市機能誘導区域の指定状況

都市機能誘導区域の指定状況をみます。熊本市は居住誘導区域の53.3％を都市機能誘導区域に指定しています（表7-2、④/③欄）。札幌市は17.3％です。箕面市、毛呂山町の都市機能誘導区域の面積は分かりませんが、地図から判断すると毛呂山町で3分の2程度、箕面市で半分程度だと思います。弘前市は居住誘導区域が未指定ですが、市街化区域に対する割合が22％（④/②欄）です。

3　箕面市立地適正化計画

箕面市の概要

箕面市は大阪府の北部に位置しています。市の南部は大阪平野につながる丘陵で、北部は北摂山系です。市街地は丘陵部に広がり、大阪北部の典型的な住宅地です。面積は47.9km²、人口は13万5063人です（2015年）。住宅地としての人気は高く、今も北摂山系の2カ所でニュータウン開発を進めています。山間部はニュータウンを除くと大半が市街化調整区域で、しかも明治の森箕面国定公園に指定されており、市民の大半は南部の市街地で暮らしています。

人口の変化ですが、2010年から2015年の間に5565人の人口が増えており、年間1100人の増です。山間部でのニュータウン開発が今後も進み、南部では大阪市に直結する鉄道の延伸が予定されており、当分は人口が増える予定です。箕面市が作成した人口ビジョンでは、2040年が人口のピークで14万6385人、その後は減りますが、2060年で13万6997人となっており、2015年の人口よりも多くなっています。

7章　立地適正化計画の状況と特徴　　95

箕面市立地適正化計画の目的

　箕面市は当分、人口増が続きそうです。大阪平野の周辺部にありますが、多くの市民は市南部の市街地で暮らしており、スプロールもほとんど起こっていません。普通に考えるとコンパクトは不要です。そのような中で箕面市が立地適正化計画を全国で最初に手がけました。その理由を箕面市は、新たに設置される二つの鉄道駅周辺に都市機能を集積させ、「この効果を全市に波及させ」るために、「都市機能の計画的配置と公共交通ネットワークを複合的に組み合わせる立地適正化計画が」適切と判断したからだと説明しています。

居住誘導区域の指定状況と誘導施策

　すでに箕面市以外の6市が立地適正化計画を策定もしくは案を公表していますが、居住誘導区域の設定については箕面市の指定が参考になります。

　箕面市は居住誘導区域の設定にあたり、市街化区域から以下4種類のエリアを除外しています。まず一つめは、土砂災害ハザードです。これは自然災害の危険性が想定される区域で、土砂災害特別警戒区域、土砂災害警戒区域、土砂災害防止法施行前に公表された土砂災害危険箇所です。箕面市は内陸部に位置しており、津波の危険性はありません。また大きな河川もありません。その代わり北部は山のため土砂災害の危険性があります。

　二つめは、地区計画等で住宅の建築が規制されている区域です。これは山間部に開発中の地域内で、研究関連施設の立地を図るとされ、住宅の建築が制限されている地区。同じ開発エリア内で広域誘致施設地区（企業用地ゾーン）とされ、住宅の建築が制限されている地区の2地区です。

　三つめは、守るべき緑です。緑を守る視点から設けられた除外地で、

おおむね5ha以上が連担している生産緑地、自然環境保全地区（地区計画で指定）、山なみ景観保全地区（箕面市都市景観条例に基づいて指定）、山麓部と連続して山なみ景観を形成している緑地などです。

四つめは、地域特性です。箕面市には温泉町と呼ばれる地区があり、この地区の大半はホテルが所有しています。この地区は将来的にも観光施設として利用されるのが望ましいとしています。

箕面市の市街化区域は1985haです。この4種類のエリア面積は305haであり、居住誘導区域は1680haです。これは市街化区域の84.6％にあたります。また、人口でみますと、居住誘導区域内に住んでいる人は12万2502人、居住誘導区域外の市街化区域に住んでいる人が1万2558人です。

居住誘導区域外に住んでいる人を居住誘導区域に誘導する施策をみます。先の1万2558人のうち、大半の人は土砂災害ハザードで暮らしています。そこで箕面市の立地適正化計画では、「防災マップの全戸配布、地区防災委員会や自治会の集まりなどにおける周知啓発」を行い、ハザード地域で暮らす人々を居住誘導区域に転居を促すとしています。

都市機能誘導区域の指定状況と誘導施策

都市機能誘導区域は4カ所指定されています。基本的には鉄道駅の周囲500メートルから800メートルの区域、主要バス停の周囲300メートルから500メートルの区域で指定しています。ただ、箕面市のように比較的狭い市街地に、鉄道が2路線、モノレールが1路線通っていますと、かなりの範囲が都市機能誘導区域になってしまいます。箕面市の計画書には都市機能誘導区域の面積が示されていませんが、図面から判断すると、居住誘導区域の40％ぐらいではないかと思います。

誘導施設ですが、4カ所の都市機能誘導区域すべてに掲げられている施設は教育・文化施設、通所型障害者福祉施設です。3カ所で誘導す

るとしている施設は、子育て支援施設、介護予防・健康増進施設。2カ所で誘導するとしている施設は、病院・診療所、食料・日用品店舗です。それ以外は、大規模病院、地産地消型商業施設、複合商業施設です。

　これらの施設を誘導する施策ですが、国の施策としては誘導施設の移転を促進するための税制上の措置、用地確保に関する税制上の措置、事業費に対する財政支援等があります。また、箕面市も公有地の活用、公共施設の整備などを進めるとしています。

4　立地適正化計画の特徴

立地適正化計画の中心は都市機能誘導区域

　箕面市は先にみたように、新たに設置される二つの鉄道駅周辺に都市機能を集積させることが立地適正化計画の主たる目標としています。

　熊本市は「多核連携都市」をめざしていますが、その形成に立地適正化計画が寄与できるとしています。そのため、立地適正化計画の重点は都市機能誘導区域の指定にあります。熊本市の立地適正化計画には「都市の骨格を形成する、都市機能誘導区域（中心市街地、地域拠点）を地域生活圏の暮らしを守る最後の砦として維持するとともに、公共交通の充実を図ることで、市民全体の暮らしやすさを維持し、さらには市全体の交流促進により都市そのものの魅力の向上を図り、都市活力を維持するため本計画を策定します」と書かれています。

　藤沢市は「本市においては、今後も大幅な人口減少が見込まれていないため、……（中略）……市街地の集約という観点ではなく、大規模自然災害に対する安全の向上及び少子超高齢化社会に向けた各拠点における都市機能の維持・向上を図」ると書いています。

　他市も居住誘導区域の設定よりも、都市機能誘導区域の設定を重視

しているといっていいでしょう。人口減少や景気後退で中心部の再開発が困難になっています。都市機能誘導区域を再開発に活用するのは慎重にすべきです。ただし都市機能誘導区域の面積は各市ともかなり大きく、制度の趣旨であるコンパクトとはやや異なっています。

居住誘導区域の設定趣旨は自治体によって異なる

　居住誘導区域の設定理由は三つに分かれます。一つめは、札幌市、熊本市で、居住誘導区域をかなり狭く取っている市です。札幌市は第2次札幌市都市計画マスタープランで、複合型高度利用市街地、一般住宅地、郊外住宅地の3カテゴリーを設定しています。そして、居住誘導区域はこの複合型高度利用市街地としているため、市街化区域の23.3％です。熊本市も利便性の高い地域を居住誘導区域としており、市街化区域の54.7％です。札幌市は2035年の人口を2015年の人口に対して96.9％、熊本市は95.1％としており、居住誘導区域はかなり小さく設定されています。

　二つめは、箕面市、藤沢市、毛呂山町で、市街化区域の大半を居住誘導区域にしている市です。これらの市が居住誘導区域から除外しているのは、自然災害が想定される区域と居住地にふさわしくない区域等です。藤沢市、箕面市は人口増を想定しており、コンパクト化を図るのが目的にはなっていません。

　三つめは、花巻市で居住誘導区域を狭く取っている市です。ただ、札幌市や熊本市のように利便性の高い地区を限定して指定しているのではありません。花巻市は地方都市であり、かなり広範囲に低密度の市街地が広がっています。そこで、鉄道駅周辺で土地区画整理事業等が実施され、インフラ整備が進んでいる地区を居住誘導区域にしています。

誘導できるかどうかは未知数

　立地適正化計画では都市機能誘導区域、居住誘導区域を定めますが、文字通り誘導であって、強制力はありません。そのため、誘導施設が都市機能誘導区域に立地するか、居住誘導区域外の住宅が居住誘導区域に移転するかどうかは未知数です。ただし、都市機能誘導区域については、税制上の措置、事業費に対する財政支援など、具体的な誘導措置が用意されています。また、公共施設については都市機能誘導区域への立地が進みそうです。

　それに対して居住誘導区域については、そのような措置がありません。先にみた箕面市では、災害時の危険性を周知するとしただけです。市街化区域であっても居住誘導区域外に住宅などを建てる場合、届出が必要です。しかし、届出は3戸以上の住宅開発など一定規模以上の開発行為に限定されているため、個人で自宅を建て替える場合などは届出が不要です。行政が届出に対してどのように対応するかにもよりますが、マンションなど新規開発を居住誘導区域内に誘導することはある程度できるかもしれません。その一方で、居住誘導区域外に居住している市民を居住誘導区域に誘導することは、立地適正化計画の仕組みでは難しいでしょう。

居住誘導区域外がどうなるかは不明

　今後、全体的には人口が減少します。そして居住誘導区域に住宅を誘導すれば、居住誘導区域外に住む人は減ります。強制力はないため、徐々に減少すると思われます。

　箕面市の立地適正化計画でも、今後増える人口は居住誘導区域で吸収し、居住誘導区域外および市街化調整区域の人口は増やさないようにするとしています。そして「居住誘導区域に含まれないエリアへの対応方針」も書かれています。そこで書かれているのは「居住誘導区

域の設定は、すべての居住者と住宅を区域内に集約させることをめざすものではなく、居住誘導区域外とされたエリアであっても、例えば市街化調整区域などにおける良好な環境や住民生活の利便性が損なわれるものではありません」としています。その後で「市街化調整区域などにおいても、公共交通などの利便性が今よりも低下することがないように努めるとともに……(中略)……農業振興と農地保全を図り、都市近郊の緑豊かな農住ゾーンとして守り育てていきます」としています。市街化調整区域は農村エリアとして位置づけています。しかし、1万2000人以上の市民が居住誘導区域外で暮らしており、徐々に減少していくと思われますが、居住誘導区域外がどのように変化していくのか、そこで暮らす人々の暮らしがどのように変わってくのかは示されていません。

都市機能誘導区域が機能するかどうかはネットワーク次第

都市機能誘導区域に誘導施設を集積させることはある程度可能です。しかし、都市機能誘導区域が地域全体の暮らしを支えられるかどうかは、ネットワークができるかどうかにかかっています。

立地適正化計画でもネットワークについては書かれていますが、立地適正化計画は基本的に都市機能誘導区域、居住誘導区域を指定するものです。その都市機能誘導区域が本来の役割を果たせるかどうかは、ネットワークができるかどうかにかかっています。

注
立地適正化計画については下記の文献を参照。
・国土交通省「改正都市再生特別措置法等について」2015年3月。
・国土交通省「立地適正化計画の作成に係わるQ&A」2016年2月。

8章　地方創生をどう評価すべきか

　以上で地方創生の主な点を見てきましたが、そもそも地方創生をどう評価したらいいのでしょうか。また、自治体が策定した人口ビジョンや総合戦略は進むのでしょうか。地方創生が進めば地域は存続できるのでしょうか。8章ではその点を考えます。

1　地方創生の本質

小泉構造改革は地方切り捨て
　アベノミクスは日本の大手企業が国際競争に勝ち残ることを優先する政策です。そのためにTPP、規制緩和、インフラ投資の首都圏への集中などを進めています。

　20世紀、自民党政権の下で5回にわたる国土計画が策定されました。国土計画の目的は過疎・過密の解消、国土の均衡な発展です。計画内容に違いはありますが、このかけ声の下で地方向け予算が維持され、安価な労働力供給源として、そして自民党の政治基盤維持に活用されました。

　ところが20世紀後半から進み出した国際化によって、アジアが日本の安価な労働力供給源に変わりました。また財政危機の深刻化により、従来のような地方向け公共事業費の維持が困難になりました。さらに小泉内閣の登場で都市部で自民党が一定の票を確保できるようになりました。そのような背景の下で、小泉内閣は構造改革と称し、国際競争には役立たないとされた地方向け予算を大幅に削減しました。その典型が市町村合併、地方向け公共事業費の削減です。それによって確

保した予算を都市部の大型公共事業に振り替えました。そのような施策の典型が国土形成計画でした。それまでの国土計画とは異なり、国土形成計画では、どのような国土を展望するのかという具体的な目標が全く書かれず、国土の形成は地方に丸投げされました。

このような地方切り捨てを進めた結果、地方経済は疲弊し、それが地方の反乱へと発展しました。自民党政権が崩壊した理由の一つは、地方切り捨てに対する反発でした。

アベノミクスは地方再編

民主党政権を経て再び政権についた自民党は、頓挫した構造改革を動かしました。これがアベノミクスです。しかし、小泉構造改革と同じ失敗をするわけにはいきません。アベノミクスでは地方切り捨てではなく、地方再編を打ち出しています。この内容は大きく二つです。一つは地方再編成の内容です。国際競争に勝つため、インフラ投資などは首都圏に集中させます。そのため、首都圏一極集中は防ぎようがなく、地方では今後、大幅な人口減少、地域経済の縮小が見込まれます。小泉構造改革では切り捨てでしたが、アベノミクスでは大幅な人口減少の下で地方が生き残る方向性を示しています。それがコンパクトとネットワーク、連携です。個々の自治体がさまざまな施策を実施するのではなく、市町村が連携して行政サービスを維持しよう。個々の自治体がばらばらと投資するのではなく、地方拠点都市に投資を集中させようというわけです。

もう一つはその再編を地域自らが自己責任で進める仕組みです。小泉構造改革で進められた市町村合併は上から強行されたものでした。今回は上から強行するのではなく、自治体が国の示した大枠内で、自ら再編成を進める仕組みが導入されました。国が示した内容に基づいて自治体が計画を作成し、その計画を政府が評価して交付金をつけま

す。

　この二つ、すなわち地方再編成を自治体自ら進める仕組みが地方創生にほかなりません。今までのところ、人口ビジョン、総合戦略、連携中枢都市圏などは政府が示した枠内で自治体が計画を立案しています。また、全体の予算が少ないという不満は地方から出されていますが、地方創生そのものに対する表だった反発は出ていません。何しろ政府に評価されなければ予算が獲得できないからです。

地方創生は自己責任の枠組み

　従来の総合計画では、計画を策定する際、外部有識者を含めた審議会等を設置しますが、計画が策定されれば審議会等は解散します。ところが今回の地方創生は毎年、計画の達成状況の検証が求められ、その仕組みを総合戦略の中に入れておかなければなりません。そのため、今回の総合戦略では、計画策定後も審議会等が残されています。これが地方創生で重要な意味をもっています。

　政府はその仕組みを PDCA サイクルと呼んでいます。これは Plan（計画）、Do（実施）、Check（評価）、Action（改善）の略称です。計画を立て、計画に基づいて実施し、達成状況を評価し、計画の不備な点を改善する一連のプロセスです。評価は KPI の達成状況について行います。この一連のプロセスを実施し、総合戦略の不断の見直しが求められます。

　このような仕組みそのものには問題ありません。計画を立てたら終わりというよりも、計画を評価し、今後の計画に活かすような評価は重要です。もちろん評価を上げるためには達成容易な KPI にした方がいいという意見がありますし、それだと政府の総合戦略に対する評価が低くなり、交付金が獲得しにくくなるという意見もあります。

　ただ、PDCA に関する最大の問題は、地方創生を自治体が作成した

総合戦略の枠内で評価するという点です。次に書きますがアベノミクスと地方創生は両立しません。第一次産業の振興を図ろうと思っても TPP が実施されますと、自治体の努力では太刀打ちできません。

　総合戦略で明記した KPI が予定通り達成できない場合、主たる原因が自治体にある場合と、政府にある場合があります。ところが総合戦略の枠内で評価すると、後者の原因究明は困難です。KPI が達成できなかった場合、自治体が立案した総合戦略に問題があったから、もしくは総合戦略を着実に実行しなかったからという評価にしかならず、総合戦略が達成できるかどうかは自治体次第となります。

2　アベノミクスと自治体が進める地方創生は両立しない

出生率の V 字回復は困難

　さてそのような地方創生ですが、自治体の計画通り進むのでしょうか。政府の長期ビジョンでは 2030 年に出生率を 1.8、2040 年に 2.07 という見通しになっており、都道府県人口ビジョンもそれに準じた見通しが多くなっています。このような見通しを実現するためには、出生率の V 字回復が必要です（図 8‐1）。出生率の変化をみますと、2005 年の 1.26 を底に最近はやや改善しています。しかし 2013 年は 1.43 でしたが 2014 年は 1.42 に 0.01 下がっています。最近 10 年間（2004 年から 2014 年）で出生率は 0.13 上昇しています。年間に直すと 0.013 の上昇です。

　2040 年に 2.07 にするためには 2014 年から 2040 年の 26 年間で 0.65 の上昇が必要です。年間に直すと 0.025 です。この 10 年間の 2 倍のペースで出生率を上げなければ自治体が作成した人口ビジョンは実現できません。

　しかし若者の雇用は年々、不安定になっています。自分の雇用が不

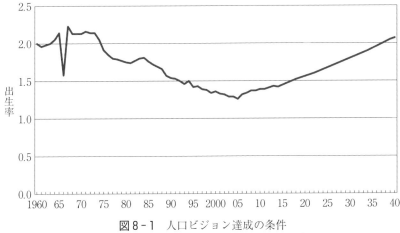

図8-1　人口ビジョン達成の条件
その1　出生率のV字回復（2015年以降は見通し）

出所：筆者作成

安定では、将来に展望をもてず、結婚に踏み切れません。ところがアベノミクスでは、さらに雇用の不安定化を進めようとしています。やっと結婚しても1人の賃金では生活に必要な所得を得ることができません。そこで保育所を使って働き続けようと思っても、入所可能な保育所が見つからず、「保活」という言葉まで登場する始末です。日本では子どもが社会人になるまで莫大な個人負担が発生します。その原因は教育・保育などに対する公費負担が少ないからです。ところがアベノミクスではさらに大学の授業料を上げようとしています。これでは2人、3人の子どもを育てるのは困難です。

アベノミクスがもたらすこのような状態の下で、自治体は出生率のV字回復を実現しなければなりません。

東京一極集中の是正も困難

長期ビジョンでは2020年に首都圏と地方間の転出入をゼロとし、そ

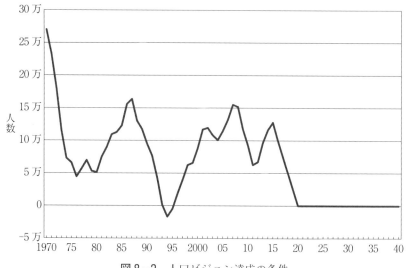

図 8-2　人口ビジョン達成の条件
その 2　東京への転入削減（2016 年以降は見通し）
出所：筆者作成

れ以降もその状態を続けるとしています。都道府県人口ビジョンでも同じような目標を掲げたところが多くなっています。1970 年以降、首都圏が転出超過になったのは 1994 年と 1995 年の 2 年間だけです。最近の 10 年間では 111 万 9382 人の転入超過です。2015 年は 12 万 7623 人の転入超過のため、2020 年に均衡を図るためには毎年転入者を 2 万 5524 人、減らさなければなりません。そして 2020 年以降は転出入ゼロを 40 年間維持しなければなりません（図 8-2）。

しかし政府は、2020 年東京オリンピックに向けて首都圏で集中的なインフラ整備を進めています。また東京中心の新幹線網整備を進め、さらに長期的にはリニアの整備で東京 - 名古屋 - 大阪を繋ぎスーパーメガリージョンを形成しようとしています。

このような状態の下で自治体は首都圏との転出入の均衡を図らなけ

ればなりません。

総合戦略の達成も困難

　24頁の図2-3をみてください。首都圏に多くの人々が転出していますが大幅な転出超過は20歳代前半です。この年齢層が首都圏に転出する理由の多くは就職です。そのため、地方創生の最重要課題は、地方で働く場所を創り出すことです。

　以前、地方の雇用は第一次産業で支えられていました。また、一部の地域では製造業で一定の雇用を確保していました。しかし、第一次産業の衰退、製造業の海外移転が始まると、それらの雇用が失われます。そのため、地方向け公共事業予算を拡大し、公共事業で地方の雇用を確保しました。また、行政や農協などの公的な機関、高齢化の進展とともに増加した福祉で雇用を支えました。

　この構造を大きく変えたのはすでにみたように小泉構造改革です。構造改革で公共事業費の削減、市町村合併を進めたため、その分野での雇用が大きく失われました。ところがそれに変わる雇用を新たに創り出せず、地方経済は疲弊しました。

　アベノミクスはこの構造改革をさらに進めようとしています。その中心の一つがTPPです。TPPが進めば日本の第一次産業は極めて困難な状態に追いやられます。第一次産業、それに関連する産業への打撃は計り知れず、地方経済は深刻な事態になるでしょう。残念ながらそれに変わる雇用の新たな受け皿も具体的に示されていません。

　アベノミクスを進めながら、自治体が策定した総合戦略を達成するのは極めて困難です。

3 国土のどの程度が存続困難になりそうか

政府が描く三つの連携

　政府は人口減少が避けられない中で、国際競争力を維持するため、東京を中心とした三大都市圏には一定の人口集積を維持しようとしています。そのため三大都市圏外では、人口の大幅な減少が避けられません。

　政府はそれをコンパクトとネットワーク、連携で乗り切るとしています。政府が考えている連携は3種類あります。一つは、6章で見た連携中枢都市圏、もう一つは定住自立圏、三つめは都道府県の補完です。大幅な人口減少が避けられない中で、今までのように市町村ごとにすべての施策を展開するのは困難です。そこで連携によって市民の生活を支えるというのです。

　最初の二つは中心市と周辺市の連携です。中心市に投資を集中させ、周辺市は中心市の行政サービスなどを使います。三つめは、都道府県と市町村の連携です。地理的な制約などで連携中枢都市圏、定住自立圏のどちらにも所属できない市町村が対象です。このような市町村が単独で施策を展開するのは難しく、市町村が担当している施策の一部を都道府県が肩代わりするというものです。

再編の具体的な姿

　さてこの三つの連携で国土を再編成した場合、どのような人口割合になるかを計算します。ただし計画によって基準年が異なるため以下は概数で計算します。

　まず、2010年の三大都市圏の人口は6800万人、全国の53.1％です。首都圏は3561万人、27.9％、首都圏を除く三大都市圏は3239万

人、25.2%です。三大都市圏外は6005万人、46.9%です。

　6章でみましたが、連携中枢都市圏の中心都市に該当するのは全国で61市、そのうち6市は三大都市圏にあります。どの程度が連携中枢都市圏として動くかは分かりませんが、現時点で都市ビジョンを策定しているのが13圏域です。その13圏域の圏域人口は1072万人、1圏域あたり平均82万人です。仮にこの平均値で三大都市圏外の連携中枢都市圏が形成されるとしたら、圏域の総人口は4536万人です。三大都市圏外人口の75%です。

　定住自立圏も市町村間の連携を進めるもので、中心市の規模が5万人以上です。2015年2月時点で104市が定住自立圏の中心市として動いています。すでに圏域を形成しているのが85圏域、404市町村です。ただし定住自立圏を構成している市町村と連携中枢都市圏を構成している市町村の何割かは重複しています。

　連携中枢都市圏、定住自立圏が今後、どのように動くかは分かりませんが、現時点で比較的進んでいるのは北海道と中国地方です。北海道では連携中枢都市圏の該当市が3市（札幌市、旭川市、函館市）あります。札幌市はまだ動いていませんが、旭川市と函館市は定住自立圏を形成しています。そこで札幌市については札幌市＋隣接市町村（小樽定住自立圏に含まれる市町村は除く）、旭川市、函館市については定住自立圏の圏域人口を当てはめますと、3圏域で約317万人です。北海道には12の定住自立圏（中心市宣言を含む）があります。そこから旭川、函館定住自立圏を除き、中心市宣言をした苫小牧市については苫小牧市＋隣接市町村を圏域人口とすると、定住自立圏人口総数は約133万人になります。北海道の人口は550万人（2010年の概数）、その内訳は連携中枢都市圏が317万人（58%）、定住自立圏が133万人（24%）、その他が100万人（18%）となります。

　中国地方は連携中枢都市圏の該当市が8市（鳥取、松江、岡山、倉敷、

福山、広島、呉、下関) あります。そのうち倉敷、福山、広島、下関は連携中枢都市圏をすでに形成しています。また鳥取、松江は定住自立圏を形成しています。岡山、呉はまだ動いていませんが、岡山については北海道と同じように計算します。呉については呉市及びその隣接市町村が広島市の連携中枢都市圏に含まれるため算入しません。その結果、連携中枢都市圏人口総数は590万人になります。また、中国地方には10の定住自立圏がありますが、そこから鳥取と松江を除いた8圏域の人口は80万人です。中国地方の総人口は760万人、その内訳は連携中枢都市圏が590万人 (78%)、定住自立圏が80万人 (11%)、その他が90万人 (12%) です。

全国的にこれらの連携がどう進むかはまだ分かりませんが、人口の割合はおおよそ以下のようになります。全国の約半数が三大都市圏、三大都市圏外の4分の3から半数が連携中枢都市圏、残りが定住自立圏とその他です。

全体の10%〜15%程度は存続困難が予想される

大型商業施設、総合病院、大規模な文化施設、法律事務所等を維持するためには、それらを支えるある程度の人口が必要です。そのような諸施設を維持できる人口の目安は30万人程度といわれています。連携中枢都市圏は圏域人口が30万人以上です。また定住自立圏も大規模なところでは30万人を超えています。たとえば、北海道では旭川、函館を除く10定住自立圏の内、帯広 (34万8000人) 定住自立圏が該当します。中国地方は、鳥取、松江を除くと8定住自立圏ですが、すべて30万人以下です。30万人以下の定住自立圏、その他の地域を足しますと、北海道では200万人 (道全体の36%)、中国地方では170万人 (23%) になります。

三大都市圏外の人口が46.9%なので、全体の10%〜10数%が連携

を進めても圏域内人口が 30 万人に届きません。人口 30 万人を目安としてさまざまな連携を進め、国土を再編するのであれば、これらの地域は存続がかなり困難となります。

注
　定住自立圏については以下の文献を参照。
・総務省「定住自立圏の取組状況について」。

9章　まちづくりの基本的な視点

　地方創生は政権の重要課題です。自治体のさまざまな施策の相当部分が地方創生に集約されつつありますが、地域で地方創生に取り組む場合、どのような視点が重要でしょうか。また、連携やコンパクトなど、新たな取り組みが進み出しています。それについてはどのように対応すべきでしょうか。それらの点を最後に考えます。

1　地方創生に取り組む視点

地方創生の活用と抜本的な改善

　自治体が地方創生として取り組んでいる施策には重要なものがたくさんあります。そのためそれらの施策を否定する必要はありません。国が示した地方創生の枠組みにこだわらず、地域にとって本当に必要なことを展開すべきです。それに地方創生の交付金が使えるなら、積極的に活用したらいいと思います。

　その一方で、地方創生の本質を理解し、抜本的な問題解決も考えるべきです。8章でみたように、政府はTPP、規制緩和、インフラ投資の首都圏への集中などを進めています。しかしそれだけでは地方が疲弊します。そこで地方の再編成が必要となりますが、それを上から強行するのではなく、自治体が国の枠内で率先して再編成に取り組むようにしたのが地方創生です。1960年代以降、政府は過疎・過密対策に取り組んできましたが、方向性を示したにもかかわらず、今回ほど自治体に丸投げにした計画は例がありません。その一方で、地方分権といいながら、計画づくり、交付金を通じて自治体を徹底的にコントロ

ールしています。

　すでにみたようにアベノミクスと地方の再生は両立しません。地方の再生に逆行する施策を撤回させつつ、本当に求められる地方の再生をめざすべきです。

アイデア勝負はほどほどに

　2015年11月に地方創生先行型交付金（1700億円）、2016年3月に地方創生加速化交付金（1000億円）の交付対象事業が決定されました。また、2016年度当初予算で地方創生推進交付金（1000億円）が予算化されました。地方創生推進交付金の対象事業は、先駆性のある取り組み、既存事業の隘路を発見し打開する取り組み、先駆的・優良事例の横展開（すそ野を広げる取り組み）としています。

　自治体は地域を再生させるため、さまざまなアイデアを出しています。交付対象事業をみますと興味深い提案がたくさんあります。交付金を活用してさまざまな事業に取り組み、地域の再生を進めることができれば非常にいいと思います。事業の立ち上げ期間は集中的に予算が必要です。それに交付金をあて、事業が軌道に乗れば、交付金なしで展開できるように、あらかじめ計画しておくべきです。でないと交付金が終了したら、事業も終了せざるを得なくなります。

　地域を再生するためには、地域で雇用を確保し、お金を地域で回さなければなりません。しかし、ある事業で交付金を確保して地域にお金を回す。それが終わったら別の事業で交付金を確保して、地域にお金を回す。このような自転車操業では一時的な効果しかなく、地域の再生には繋がりません。かつての公共事業を同じです。目先の交付金確保に関心が向き、地方創生の本質が見えなくなります。そして交付金を獲得するためのアイデア勝負になり、かえって消耗します。

　そうではなく地域の再生に必要な取り組みを進めつつ、地域を疲弊

させる政策そのものを抜本的に改めさせるような取り組みが必要です。そのような取り組みが両立すれば、都道府県人口ビジョンで掲げた出生率の向上、首都圏との転出入の均衡が実現できると思います。

2　地域での雇用確保を優先させるべき

第一次産業及び関連産業の振興

　地方創生を進める場合、最大の課題は地方での雇用確保です。従来のような国民的合意が得にくい公共事業や、一時的な効果しか望めないものではダメです。それに対して4章でみましたが、都道府県総合戦略で多くの県が掲げていたのは、第一次産業、観光、企業誘致、創業支援、再生可能エネルギーです。このような都道府県の意向を踏まえ、TPPを進めるのではなく、まず第一次産業とそれに関連する産業で安定した雇用を生み出すべきです。

　日本の食糧自給率は39%です。他の先進国の自給率は、アメリカ127%、フランス129%、ドイツ92%、イギリス72%で、日本の低さが際立っています。かつての自給率は表9-1のようになっていました。国土の70%を森林が占める日本で、木材の自給率が30%を切るのは異常です。また農産物の自給率を引き上げるのは国民的なニーズです。

　日本の地形から大規模な農業は適しません。しかし、微妙に変化する気候が豊かな食物を生み出してきました。山を越えれば野菜の味が変わる、地域独自のブランドが多数存在する、これらは多彩な気候、地形が生み出したもので、他国ではマネのできない強みです。このような独自性を長所として次代に引き継ぎ、多様な食文化を継承すべきです。このような第一次産業、食品産業、六次産

表9-1　自給率の変化(%)

	1965年	2013年
農産物	73	39
木　材	71	29
魚介類	110	60

出所：農林水産省「平成26年度食料・農業・農村白書、参考統計表」より筆者作成

業で安定した雇用を生み出すことが重要で、政府もそれを積極的に支援すべきです。

再生可能エネルギーで雇用を生み出す

　日本のエネルギー自給率は5％です（2012年）。他の先進国はアメリカ75％、イギリス52％、ドイツ31％、フランス9％となっています。日本で発電量に占める再生可能エネルギーの割合は、太陽光2.2％、小水力1.6％、バイオマス1.5％、風力0.5％、地熱0.2％で、6％程度です（2014年）。いったん事故を起こしたら取り返しのつかない被害を発生させる原発に頼るのではなく、再生可能エネルギーの比率を高めるのは国民的課題でしょう。

　日本はエネルギー資源のない国だといわれています。それは石油やウランであって、再生可能エネルギーのポテンシャルは極めて高くなっています。たとえば、陸上と洋上の風力発電ポテンシャルだけでも既存発電設備の全発電容量を超えています。また、地熱資源は世界3位。山が多い日本では小水力発電のポテンシャルも高くなっています。化石燃料や原発からの脱却は世界的課題です。地形的理由から日本は、その実現可能性が非常に高いといえます。実際、地域内の民生・農林水産用エネルギー需要を上回る量の再生可能エネルギーを生み出している市区町村が2015年で61市町村あります。

　また、再生可能エネルギーによる雇用も期待できます。日本で再生可能エネルギー及び関連産業に従事している人は21万人です（2013年）。国際的に見ると、世界最大は中国で340万人、ドイツも37万人です。まだまだ伸ばせる余地があります。

地域と結びついた観光の振興

　外国人の訪日観光客数が伸びており、これを地域活性化に繋げるこ

表9-2　観光の動向

	実績		目標	
	2011年	2015年	2020年	2030年
訪日外国人　（万人）	622	1,974	4,000	6,000
消費額　（兆円）	0.8	3.4	8	15
日本人国内旅行（万人）	61,252	61,270		
消費額　（兆円）	19.7	18.5	21	22

注：日本人の旅行者数は日帰り旅行と宿泊旅行の合計、2015年欄は2014年の値。
出所：観光庁「平成27年度版観光白書」および明日の日本を支える観光ビジョン構想会議「明日の日本を支える観光ビジョン」2016年3月より筆者作成。

とが重要です。ただし以下の2点に注意する必要があります。まず一点目は、日本人の国内旅行を重視することです。最近の観光に関するさまざまな計画は、ほぼ外国人観光客を増やすことに主眼が置かれています。しかし、直近の値でも日本人観光客の消費量が訪日外国人の5倍以上です（表9-2）。また、日本人観光客の数はこの間、ほとんど伸びていません。日本人が暮らしに余裕をもち、ゆとりをもって国内旅行できる環境を作り出すことが重要です。2016年3月に作成された「明日の日本を支える観光ビジョン」でも日本人国内旅行の伸びは低くなっています。地方と都会の交流をいかに増やすかが地方創生にとっては大切です。

　二点目は過剰投資に陥らないことです。訪日外国人を増やすことは重要ですが、新たに決められた目標値は15年後に今の3倍、6000万人で、かなり高くなっています。2013年の値ですが、世界最大の外国人旅行者受け入れ国はフランスで8301万人、2位はアメリカの6977万人、3位はスペインで6066万人です。日本は27位ですが、6000万人ですとスペインと並んで世界3位です。目標を高くもつことはかまいません。しかし、競争のように空港や国際会議場、国際展示場整備を進め、ホテル誘致に邁進すると、過剰投資になりかねません。場合

によっては乱開発を引き起こしたり、居住環境の混乱を招きます。

　人口の減少を訪日外国人の消費で補うという考えは理解できます。その一方で、日本人の消費をどのように引き上げるのか、爆買ではなく地域や日本の良さを体験してもらう観光をどう進めるのか、そのような視点をもたないと長期的、持続的な観光には繋がらないと思います。

外貨の獲得とともに外部に出る貨幣を減らすべき

　地域で持続的な雇用を確保するためにはお金を地域で回す必要があります。一般的に考えやすいのは観光客を増やして地域にお金を落としてもらう、地域の農産物を加工して地域外に売る等です。このように地域外からお金を確保して、地域内での雇用増大に結びつける方法を外貨獲得型と呼べます。しかし、この外貨獲得型は他地域との競争になり、簡単には進みません。

　それに対して地域外に出ているお金を地域内にとどめ、それによって雇用を増やす方法もあります。たとえば、通常の電気で地域の公共施設を冷暖房する場合、それに必要な経費は地域外に出て行きます。再生可能エネルギーによってこの電気を地域内で生産することができたら、外部に出ていたお金を地域内にとどめることができ、そのお金で再生可能エネルギーの生産に必要な人材を地域内で雇用できます。

　一般的には外貨獲得型より、地域外に出ていたお金を地域内にとどめる方が、競争が少なく、計画的に進められます。地域外に売る場合は販路の開拓などが必要ですが、地域内で消費する場合は遙かに容易です。確かに、地域外から購入する方が安くすむ場合が少なくありません。しかしトータルでみると必ずしもそのようにはなりません。たとえば、温泉のお湯を重油で温める場合、その経費の大半は地域外に出て行きます。それに対して、地域にペレット設備を造った場合、ペ

レットの製造で雇用が発生するだけでなく、林業の振興にも役立ちます。通常、初期投資を支援すれば、ランニングコストは重油と変わりません。地域内で雇用が増えれば、税収増にも寄与します。

地域内で回るお金を増やす場合、外貨獲得型に注目しがちですが、外部に出ているお金を地域内にとどめる工夫をもっと重視すべきです。

3　新たな国土計画の必要性

規模ではなく質と独自性を伸ばす

65頁の図5-1で書かれているような、人口が多いほど国際競争に有利というような考え方はやめるべきです。人口規模で中国、インド、南アジア、東南アジアに勝てるはずがありません。そのような視点で勝負しても、勝敗は明らかです。日本及び海外の状況から考えますと、安さや量にこだわるのではなく、質や独自性にこだわるべきです。そうすると、その生産を支える地域も規模にこだわるのではなく、質や独自性を重視すべきです。地域の多様性を失わず、その多様性が反映された食品・六次産品、地域ブランド、工芸、文化、デザイン、そのようなところに価値と競争力を見いだすべきです。都市や自治体の大規模化は均質化を招き、そのような価値の向上に逆効果をもたらしかねません。国土に広く蓄積された多様な文化、歴史を維持し、均質化ではなく各々の地域の質、独自性を高めるような国土計画が求められます。

農山漁村の新たな位置づけ

国民生活の根幹にあるのは食料とエネルギーです。日本はその両方が極めて深刻な状態にあります。日本の食文化は世界に誇るべきものですが、自給率は先進国で最も低くなっています。かつては70％以上

の自給率であり、自給率を高めるだけの生産力はあります。地形を考慮しますと大規模化ではなく、気候風土の多様性を生かした集約型の農業が望ましいでしょう。それが日本農業の強さになります。

化石燃料に限定しますと、日本がエネルギーを自給するのは困難です。しかし再生可能エネルギーのポテンシャルは世界有数でエネルギー大国です。

かつて地方を労働力供給源と位置づけましたが、これからは食料、エネルギー供給源として位置づけるべきです。

自然災害に強い国土をつくる

1993年北海道南西沖地震（死者・行方不明者230人）、1995年阪神・淡路大震災（同6437人）、2004年新潟県中越地震（同68人）、2011年東日本大震災（同約1万9000人）、2016年熊本地震と巨大地震が相次いでいます。土砂災害、河川の氾濫も毎年のように発生しています。

日本では地震や津波、大雨、噴火などが避けられません。問題は人口が急増した時期、自然災害によって甚大な被害発生が想定させる地域を市街地として開発したことです。また、十分な減災対策を取らずに開発したり、耐震性が不十分と分かっていても必要な耐震対策を個人任せにしてきたことです。

人口減少によって空間的には余裕ができます。そのようなゆとりを活かして、自然災害に強い地域を、行政主導で創り出すべきです。

圏域人口30万人ではなくコミュニティを基本にすべき

地方創生では圏域人口30万人を重視しています。三大都市圏以外で人口30万人以上の圏域を連携によって作り出し、それによって地方での暮らしを支えようとしています。確かに人口30万人は大規模な商業施設、文化施設、法律事務所などが存続できる目安です。しかしそれ

らの施設を日常的に使う人はいません。日常的に使うのは、学校、福祉施設、身近な商業施設、身近な社会教育施設などです。人口減少とともに地域と施設の再編成を進める必要はありません。高齢化の進展、子育て支援の充実などを考えますと、日常生活の範囲で、さまざまな施設立地を充実させる方が重要です。30万人の圏域を設定するのではなく、居住地で必要な施設が気軽に利用できるような整備が大切です。

　今後は中心都市に通勤し、郊外で居住するというスタイルが減り、生活に関連した医療・福祉・教育分野で雇用が増えます。それらの雇用は居住地で確保されます。居住地内で施設を充実させ、そこで安定した雇用を確保するような整備が必要です。

インフラ整備の重点

　「東京にインフラ投資を集中→東京に企業が集中→東京に人が集中→インフラが不足→新たなインフラ投資」、いつまでたってもきりがありません。図1-4（17頁）でみましたが、東京一極集中は世界では例外です。自然現象ではなく、政策が作り出した現象で、その政策の中心は規制緩和とインフラ整備です。地方分権を着実に進めつつ、首都圏に集中させているインフラ投資を大幅に見直すべきです。

　また人口が長期的に減るため、鉄道や道路の利用者は減少します。そのため、新たな大型インフラの整備はよほどのことがない限り慎重にすべきです。むしろ、既存の新幹線、空港、道路などの長寿命化を図り有効に使い続けることが大切です。大型インフラについては維持・更新の財源確保を優先させるべきです。

　インフラ投資は居住地の改善に重点を置くべきです。幅員の狭い道路、公園が少ない地域、防災的に脆弱な密集市街地などが大都市部を中心に多数、存在しています。このようなインフラ、地域の改善を優先すべきです。

地方での道路の整備、関連する公共交通の整備は重要です。30万人の圏域を日常的な生活圏とする必要はありませんが、農山漁村からそのような地方都市に出やすい環境は整えるべきです。そうすることで周辺の農山漁村で日常生活を送り、月に1回ぐらい地方都市に出ることができます。それが地方都市を支えることにつながります。

政府と都道府県の広域的役割

　日本で人口減少は避けられません。しかし2060年までの人口減少率は20.4％ですが、都道府県が作成した人口ビジョンでは首都圏は7％程度です。その結果、人口減少のかなりの部分を地方が負担することになります。都道府県にこのような計画を丸投げしますと、競争になり、既存の大都市圏が有利になります。そうではなく人口減少率が全国平均で20％ならば、大都市圏はそれ以上の減少率、地方はそれ以下の減少率になるような見通しと、それを実現するための政策を国が示すべきです。それによって大都市圏の安全、ゆとり、質の向上と、地方の維持が両立します。

　同じことは都道府県でもいえます。本書では取り上げませんでしたが、都道府県内でも県庁所在地、中心都市の人口減少率は低く、周辺部の人口減少率が高くなっています。これではせっかくゆとりが確保できる条件があっても、中心部の改善は進みません。一方、周辺部では衰退が一気に進みます。都道府県内で広域的な調整をすべきで、その役割は都道府県にあります。

　国は自治体の自己責任、都道府県は市町村の自己責任、これでは競争となり、一部の自治体しか勝ち残れません。そうではなくすべての自治体と地域が存続し、改善できるような広域的調整が不可欠です。

4　農村が地方都市を支える連携

対等の立場に立たないと連携は進まない

　人口の減少に伴い、一つの自治体でさまざまな施策を展開するのは困難になります。小泉構造改革では市町村合併を進めました。しかし合併によって周辺部に位置づけられた地域では、深刻な衰退が起こっています。基礎自治体である市町村が存在するかどうかで、地域は決定的に異なります。市町村が存在するということは、市町村長、議員、自治体職員が存在し、その地域の運営、予算について、その地域で議論して決めることができるということです。その地域が大きな市の一部になると、その地域のことをその地域で決めることができなくなります。また、その地域の問題が、全市的な課題になりにくくなります。市町村は歴史的、地理的経緯を経て存在しています。たとえ人口が減っても、合併は最終手段とすべきです。

　地方創生では、合併ではなく連携中枢都市圏や定住自立圏等、連携を進めようとしています。基礎自治体を残し、市町村間の連携、県と市町村の連携を進めることは望ましいといえます。しかし合併は進めにくいから、合併に準ずる形で連携を進めようとすると、連携が進みません。連携中枢都市圏、定住自立圏とも中心市の役割が大きくなっています。商業施設などは人口規模の大きい中心市に立地しますが、行政施策は中心市に依拠する必要はありません。中心市に依拠する形にしますと、周辺市は合併と同じような危惧をもち、議論が進みません。

　4章でみましたが、政府は四つの政策分野を示していました。それに基づいて作成された都道府県総合戦略ですが、安定した雇用の創出、新しい人の流れ、結婚・出産・子育て支援については、それなりの施策が示されていました。しかし、地域の再編については、政府が意図

した内容はあまり検討されていませんでした。6章でみた連携中枢都市圏も同じです。

　人口減少とともに、人々の暮らしと地域を支えるためには、市町村を越えた連携が必要になります。その際、人口規模にかかわらず、自治体は対等、中心市に集中させないという原則を確認しなければ連携は進みません。連携中枢都市圏、定住自立圏はその妨げになりかねません。

中心市が農村を支えるのではなく、農村が中心市を支える

　政府が示した再編は、連携中枢都市圏、定住自立圏です。地方の中心市に都市機能を集中させ、人々の暮らしを支えようとしています。このような中心市をダムと呼び、衰退を食い止める砦にしようとしています。中心市を維持することで、周辺も含めた地域全体を維持する考えです。

　かつて地方都市は、周辺の農山漁村で暮らす人々によって支えられていました。普段は第一次産業に従事し、買い物などで地方都市を利用し、そのような消費で地方都市は支えられていました。ところが農山漁村での深刻な過疎化が、地方都市での消費低迷を引き起こし、地方都市の衰退が始まっています。農山漁村のそのような状況を放置したままで、地方都市に投資を集中させても、衰退に歯止めはかかりません。地方都市の雇用は第三次産業で支えられており、第三次産業は人口規模の影響を受けるからです。周辺の農山漁村が衰退から脱出しない限り、地方都市の消費は減少し続けます。

　地方都市をダムと考えるのではなく、周辺の農山漁村をダムと考えなければ地方は維持できません。地域に一つの大きなダムを造るのではなく、小さな無数のダムを造るべきです。農山漁村の再生ができれば、地方都市の再生も進みます。

5　コンパクト化を進める視点

人口減少率が20%程度であればいわゆるコンパクト化は不要

　今後、人口の減少は避けられません。政府の見通しでは、2060年で20.4%の減少率です。そこで拡大した市街地を縮小させるというのがコンパクトの基本的な考え方です。問題はどのような地域を縮小させるのかということです。90頁の図7-1は政府が示したものですが、これだとなんとなく郊外の市街地を中心部寄りに縮める感じです。そしてコンパクトというと、このようなイメージで語られることが多いと思います。

　7章でみた箕面市ですが、居住誘導区域は市街化区域の84.6%です。箕面市が居住誘導区域に含めなかった地域は、自然災害に脆弱な地域、自然環境保護・景観計画という点から重要な地域、居住にふさわしくない地域で、市街化区域の15.4%です。

　人口減少とともに市街地を縮めるのは妥当ですが、その対象は災害や居住環境を配慮せず、人口急増期に居住地として開発してしまった区域をまず優先すべきです。たとえば以下のような区域です。
①自然災害に脆弱な地域：土砂災害の危険区域、津波対策との関係で居住地域としての位置づけが困難な地域、河川の氾濫が想定される区域、活断層が通っている区域など。
②居住地に適さない区域：用途地域で工業専用地域に指定されている区域に留まらず、空港や高速道路、新幹線に隣接もしくは近接した区域など。

　その上で以下の地域にも対象を広げるべきです。
③自然環境保全、景観保全などの視点から居住地として位置づけない方が望ましい区域。

箕面市は上記①と③、②の一部を居住誘導区域から外していますが、①〜③をすべて含めますとおそらく市街化区域の20％前後になるのではないかと思います。地域によって異なりますが、人口減少とともに市街地を縮小するとしても、上記のような区域、すなわち計画的にまちづくりを進めておれば、本来は居住地になっていなかった区域を優先的に居住地から外すべきです。そうすると人口減少率が20％程度までであれば、中心部寄りに市街地を縮めるようなコンパクト化は不要です。

それ以上の人口減少率でも地域の改善を優先すべき

　都市計画は長期的な計画です。2060年ぐらいまでを想定すると人口減少率は20％を超える地域が半数程度になると思われます。その場合でも居住地の縮小は先の①〜③にとどめ、20％を超える人口減少分は居住地内の改善に充てるべきです。具体的には以下のような内容です。
④周辺が中低層住宅であるにもかかわらず、高層建築物になっており、景観上、中低層化が望ましい住宅があります。
⑤拡充が必要な公共施設、都市施設が存在します。たとえば、交通量の割には狭く危険な道路などは拡幅すべきですし、人口に対して公園などが不足している地域では、新たな公園が必要になります。
　先にみたように、人口が急増した時期、日本では景観にはあまり配慮せず、十分な都市施設や公共施設を確保せず、都市化を進めました。人口減少で生み出される空間をゆとりととらえ、居住環境の改善に充てるべきです。大都市部では30％程度の人口減少率であれば、このような形で吸収できると思われます。

公共施設を集中的に立地させることは慎重にすべき

　7章で見たように、コンパクトという場合、市街地の縮小と公共施

設や都市施設の集中という二つの意味があります。立地適正化計画では都市機能誘導区域を設定し、そこに誘導施設を集積させる予定です。誘導施設でも商業施設などの立地を行政が誘導するのはなかなか困難です。それに対して公共施設は行政の意向がかなり反映します。

　箕面市が誘導施設としたのは、教育・文化施設、福祉施設、子育て支援施設など、市民が日常生活で使う施設です。このような公共施設を都市機能誘導区域にまとめるのは慎重にすべきです。日本、そして多くの先進国では日常生活の範囲を設定し、公共施設などの立地を進めてきました。その範囲は近隣住区と呼ばれることが多く、日本ではおおむね小学校区と重なります。これがコミュニティの基礎単位で、市民の日常生活に必要な施設もこの範囲内で充足するように計画されてきました。

　しかし今回設定された都市機能誘導区域は、このような小学校区との関係を全く考慮していません。すでに立地適正化計画を検討している例を7章でみましたが、それらは都市機能誘導区域をすべて鉄道の駅、主要なバス停留所で決めています。これと小学校区は全く関係していません。

　このような都市機能誘導区域に公共施設を集積させると四つの点で大きな問題が起こります。一つめは、公共施設を使うためにいちいち公共交通を使わなければならないことです。都市機能誘導区域は徒歩で回れる範囲を想定していますが、居住誘導区域からは公共交通でアクセスします。日常的に使う公共施設が小学校区内にあれば、都市部の場合、徒歩で利用できます。二つめは、地域のコミュニティ組織と切り離されることです。公共施設の運営にはさまざまな市民組織が係わっています。日本の市民組織は小学校区単位で形成されています。そのような市民組織と公共施設が切り離されます。三つめは、公共施設の再編成、統廃合に繋がることです。人口減少をきっかけに公共施

設を統廃合する動きがあります。このような公共施設の再配置計画は、それをきっかけとした公共施設の統廃合に利用されかねません。四つめは、日常生活、コミュニティ、地域のまとまりが崩れかねないということです。日本のまちづくり、都市計画の基礎単位は小学校区です。都市機能誘導区域は、そのようなまちづくり、都市計画を根底から変えるものです。都市機能誘導区域を設定し、そこに日常的に使う公共施設を集中させると、公共施設と日常生活、地域の関係が大きく変わり、高齢者や子どもの暮らしに留まらず、地域が崩壊しかねません。

大規模な都市施設や商業施設を都市の中心部に集積させることは従来から進めています。そうではなく日常的に使う公共施設の誘導に都市機能誘導区域を使う場合は、従来のまちづくりとの関係を考慮して設定すべきです。

注

地方創生先行型交付金、地方創生加速化交付金の概要及び交付対象事業、地方創生推進交付金の概要については、まち・ひと・しごと創生本部のホームページを参照。
- http://www.kantei.go.jp/jp/singi/sousei/

再生可能エネルギーは下記の文献を参照。
- NPO法人環境エネルギー政策研究所「自然エネルギー白書2015」「永続地帯2015年度版報告書」。

第一次産業については下記の文献を参照。
- 農林水産省「平成26年度　食料・農業・農村白書、参考統計表」。

あとがき

　地域で地方創生を進めるにあたって、これだけは念頭に置いてほしいことを5点にまとめておきます。一点目は、危機感を市町村長、議員、行政職員が共有することです。地方に行きますと2040年までに出生率を2.07、2020年までに社会増減をゼロにしても、2060年には人口が今の半分以下になるところが少なくありません。このような目標を達成すること事態、大変なことですが、それでも人口の大幅な減少が避けられません。まず、その見通しを直視し、共有することから始めなければなりません。「何とかなるだろう」では、「何ともなりません」。地方創生を通じて、地域を科学的に見る力を養い、それに基づいた行政の一体感を創り出さなければなりません。市町村が地方創生の核にならなければ、この危機を乗り越えられません。

　二点目は、市民に広く現実を知らせ、自覚的な市民を育てることです。「責任を追及されたら困る」「どうせ伝えても変わらない」。このような考えから抜けだし、地域の将来を考え、行動する市民を増やさなければなりません。道路や施設を作ることは大切ですし、KPIを達成することも重要です。しかし結局のところ、地域を再生できるかどうかは、地域のことを真剣に考える自覚的な市民をどれだけ作り出せるかにかかっています。ほっておいても自覚的な市民は増えません。まちづくりに係わる中で、実践的に人々は学び、成長します。市民参加が重要なのはこの点にあります。行政内部で危機感を共有する一方、市民に地域の将来予測をわかりやすく伝える、市民が遠慮なくアイデアを出せるようにする、そして市民が動きやすい環境を作るべきです。地方創生を通じて、地域の再生を考え、取り組む市民を一人でも多く創り出すべきです。

三点目は、あなた任せの市民を卒業することです。「行政に任せておけば何とかなる」「偉い人に陳情すれば大丈夫」「税金を払っているから後はすべてやってくれ」。残念ながらこのような考えは通用しなくなってきました。自分の仕事や家族のことを考えるのは当然です。しかし、地域のことも考えなければ、自分の暮らしが地域とともに沈んでしまいます。地域が再生される中で、自分や家族の暮らしも安定します。日本は稲作であり、もともと地域とのつながりは密接でした。それが次第に弱くなっています。職場や学校、家庭を通じてさまざまなことが学べ、人生が豊かになります。同時に、地域と接点をもつことで、さらに豊かな暮らしを送ることができます。地方創生を通じて、地域に係わることが楽しいと思える市民に脱皮すべきです。

　四点目は、地域の視点と国政の視点を両立させることです。アベノミクスを進めながら地方創生を実現するのは困難です。地域でのさまざまな取り組みを進めつつ、TPPを初めとした施策の転換を求めるべきです。地方創生がうまく進まない原因をすべて自治体の自己責任にするのは間違いです。なぜ総合戦略がうまく進まないのか、原因はどこにあるのか、それらを科学的に議論しなければなりません。原因が地元にあればそこを改善すべきですし、政府にあれば、地方創生を進めるために、国が進める施策の見直しを求めるべきです。

　五点目は、立場の違いを超えて地方創生に取り組むということです。地方が崩壊に直面しています。崩壊してしまうと、保守も革新も残りません。名士も庶民も消滅します。大げさではなく、長年続いた地域のかなりの部分が、この数十年の間に消滅しかねません。好き嫌いや立場の違いは横に置き、地域を存続させるために、共同すべきです。もう大丈夫、この地域は存続できるとなれば、またけんかしてください。

　都道府県の人口ビジョン、総合戦略が出そろったのを受け、本書を

書くことにしました。もう少し時間をかけて分析した方がいい章もありますが、地方創生がかなりのスピードで動いているため、現時点でまとめることにしました。その点をご了解ください。

　本書が地方の危機的状況の打開に少しでも寄与できれば幸いです。

　本書は自治体研究社にお願いしました。担当は寺山浩司さんです。短期間で仕上げられたのは寺山さんのおかげです。ありがとうございました。

2016年5月
中山　徹

著者紹介

中山　徹（なかやま・とおる）
1959年大阪生まれ、京都大学大学院博士課程修了、工学博士。
現在、奈良女子大学大学院人間文化研究科教授。(社) 大阪自治体問題研究所理事長。
専門は、都市計画学、自治体政策学。

主な著書
『行政の不良資産』自治体研究社、1996年
『公共事業依存国家』自治体研究社、1998年
『地域経済は再生できるか』新日本出版社、1999年
『公共事業改革の基本方向』新日本出版社、2001年
『地域社会と経済の再生』新日本出版社、2004年
『子育て支援システムと保育所・幼稚園・学童保育』かもがわ出版、2005年
『人口減少時代のまちづくり』自治体研究社、2010年
『よくわかる子ども・子育て新システム』かもがわ出版、2010年
『2015年秋から　大阪の都市政策を問う』（共著）自治体研究社、2015年
『地方消滅論・地方創生政策を問う』（共著）自治体研究社、2015年
『大都市自治を問う、大阪・橋下市政の検証』（共著）学芸出版社、2015年

人口減少と地域の再編
――地方創生・連携中枢都市圏・コンパクトシティ

2016年5月30日　初版第1刷発行

　　　　　著　者　中山　徹
　　　　　発行者　福島　譲
　　　　　発行所　㈱自治体研究社
　　　　　　　　　〒162-8512 新宿区矢来町123　矢来ビル4F
　　　　　　　　　TEL：03・3235・5941／FAX：03・3235・5933
　　　　　　　　　http://www.jichiken.jp/
　　　　　　　　　E-Mail：info@jichiken.jp

ISBN978-4-88037-653-0 C0031　　　　　　　　　印刷／トップアート

自治体研究社

地方消滅論・地方創生政策を問う　[地域と自治体第37集]

岡田知弘・榊原秀訓・永山利和編著　定価（本体2700円+税）

地方消滅論とそれにつづく地方創生政策は、地域・自治体をどう再編しようとしているのか。その論理と手法の不均衡と矛盾を多角的に分析。

日本の地方自治　その歴史と未来　[増補版]

宮本憲一著　定価（本体2700円+税）

明治期から現代までの地方自治史を跡づける。政府と地方自治運動の対抗関係の中で生まれる政策形成の歴史を総合的に描く。［現代自治選書］

地方自治のしくみと法

岡田正則・榊原秀訓・大田直史・豊島明子著　定価（本体2200円+税）

自治体は市民の暮らしと権利をどのように守るのか。憲法・地方自治法の規定に即して自治体の仕組みと仕事を明らかにする。［現代自治選書］

新しい時代の地方自治像の探究

白藤博行著　定価（本体2400円+税）

道州制が囁かれる今、住民に近い自治体でありつづけるための「国と自治体の関係」を大きく問い直す論理的枠組みを考える。［現代自治選書］

社会保障改革のゆくえを読む
――生活保護、保育、医療・介護、年金、障害者福祉

伊藤周平著　定価（本体2200円+税）

私たちの暮らしはどうなるのか。なし崩し的に削減される社会保障の現状をつぶさに捉えて、暮らしに直結した課題に応える。［現代自治選書］